ART
DE CULTIVER
LA VIGNE,
ET DE FAIRE DE BON VIN.

ART
DE CULTIVER
LA VIGNE,
ET
DE FAIRE DE BON VIN
**MALGRÉ LE CLIMAT
ET L'INTEMPÉRIE DES SAISONS**,

SUIVI

Des moyens, 1°. de faire, avec les Vins de la Basse-Bourgogne, du Cher, de Touraine, etc., du Vin de Saint-Gilles, de Roussillon, de Bordeaux ; 2°. de composer avec les Vins de ces derniers pays, du Vin de première qualité de Bourgogne et de Bordeaux; 3°. de fabriquer les Vins de liqueurs, les Eaux-de-Vie, les Vinaigres ; 4°. de retirer la Potasse des produits de la Vigne ;

PAR M. SALMON,
CHIMISTE ET MARCHAND DE VINS EN GROS.

A PARIS,
CHEZ M#me#. HUZARD, IMPRIMEUR-LIBRAIRE,
RUE DE L'ÉPERON, N°. 7.

1826.

PRÉFACE.

Nous étant occupés depuis plusieurs années, du commerce des vins, nous avons été à même d'examiner leurs différentes qualités. Après un grand nombre d'expériences, nous avons trouvé divers moyens pour remédier à leurs défectuosités; nous avons donc cru de notre devoir de présenter dans le Traité que nous offrons au public, toujours juste appréciateur du mérite des découvertes utiles, le résultat de nos opérations.

Nous commençons ce Traité par la description et les propriétés des diverses variétés des vignes, de celles qui donnent les meilleurs vins, et de celles qui, en produisant une plus grande quantité de raisins, donnent un vin de moindre qualité. Nous continuons dans le second chapitre, en nous occupant de l'influence du climat sur la qualité des raisins, de la meilleure exposition, et de la qualité des terres qui conviennent le mieux. Nous donnons la description, dans le même chapitre, des diverses méthodes employées, suivant le climat et les pays, à la culture de la vigne.

Dans le chapitre trois, nous parlons de la qualité des raisins, des diverses méthodes suivies jusqu'à ce jour pour en obtenir de bon vin ; nous indiquons les inconvéniens et le défaut de ces méthodes.

Le chapitre quatre est consacré aux diverses méthodes usitées jusqu'ici pour le foulage du raisin. Nous indiquons celles de ces méthodes qui sont les meilleures, et qui donnent un moût de bonne qualité.

Dans le chapitre cinq, au lieu de faire comme ceux qui nous ont précédés, qui d'ailleurs nous ont fait connaître dans tous leurs moindres détails les phénomènes de la fermentation du moût de raisin, en nous indiquant les meilleures manières d'opérer ; nous avons cru devoir suivre une route nouvelle, ou du moins très-peu connue. Après avoir indiqué le meilleur mode de fermentation, nous avons donné divers moyens de faire avec du raisin provenant d'une mauvaise année du vin de bonne qualité, soit des vins ordinaires, tels que ceux de la Basse-

Bourgogne, d'Orléans, de Touraine, du Cher, etc., les vins fins de la Haute-Bourgogne, de Bordeaux, de Saint-Gilles et de Roussillon; nous donnons aussi le moyen de faire, avec les raisins provenant des vignobles de la Basse-Bourgogne et autres, des vins semblables à ceux de la Haute-Bourgogne, de Bordeaux et du Midi; et cela en n'employant rien autre chose que des principes de même nature que ceux existans dans les moûts de ces diverses qualités de vin. Nous ne faisons qu'ajouter au moût du raisin les principes que le défaut de chaleur a empêché de s'y développer. Dans d'autres cas, suivant la qualité des vins que nous voulons imiter, nous détruisons le principe en excès qui donnerait un vin défectueux; nous n'employons aucun moyen sans en donner l'explication; aucune substance, sans indiquer l'effet qu'elle doit produire.

D'après notre méthode, on peut faire dans le Midi du vin de Basse-Bourgogne, du Cher, etc., et dans la Basse-Bourgogne du vin du Midi, et toujours avec un bénéfice considérable. Nous continuons, en donnant les meilleures méthodes pour viner le vin.

Nous parlons des moyens de faire du vin avec des raisins secs. Nous donnons également la composition des vins de teinte si utiles pour colorer les vins, et qui ne leur donnent aucun goût ni odeur désagréables, puisqu'ils sont, en quelque sorte, de même nature que ceux obtenus du raisin. Nous finissons par la composition d'un vin factice, dans lequel il n'entre ni fruit ni raisin, avec lequel les marchands de vins peuvent faire des mélanges très-avantageux.

Nous donnons le moyen de retirer du tartre l'acide tartarique, et la manière de purifier le tartre.

Article des *Vins de liqueurs,* nous démontrons la facilité d'en imiter les diverses qualités.

En parlant des vins mousseux de Champagne, nous donnons le moyen d'en faire de pareils avec des vins qui ont achevé leur fermentation. Nous nous occupons ensuite de donner au vin les degrés de force qu'il doit avoir pour constituer un bon vin ; nous indiquons la manière d'en augmenter le volume, en le rendant meilleur et sans en altérer la force.

PRÉFACE.

Nous parlons aussi de la conservation des vins, du collage, et des méthodes plus ou moins défectueuses.

Dans le chapitre suivant, nous montrons la manière de mêler les vins les uns avec les autres, afin d'en rendre les qualités meilleures; nous donnons aussi quelques exemples des mélanges que font les marchands en détail de Paris.

Dans le chapitre qui vient après, nous parlons des altérations et des maladies des vins, et des remèdes qu'on peut y apporter. Nous décrivons ensuite les meilleurs procédés pour conserver le raisin et le sécher; nous indiquons aussi les meilleures méthodes pour faire les raisinés.

Nous nous occupons ensuite de l'examen chimique des vins, des moyens de reconnaître leur falsification, leurs degrés de force; nous indiquons, à cette fin, les réactifs chimiques qu'on doit employer.

Nous traitons, dans les derniers chapitres, de la distillation des eaux-de-vie, et du moyen d'enlever à l'eau-de-vie de marc le goût d'empyreume; nous donnons ensuite la description des méthodes employées jusqu'à ce jour pour faire l'acide acétique ou vinaigre, en indiquant le moyen de le conserver, et d'en augmenter la force par le moyen de l'acide pyroligneux.

Nous traitons, dans la dernière partie de cet ouvrage, de la potasse que l'on peut retirer des divers produits de la vigne ; nous indiquons des moyens aussi simples que faciles pour faire cet alcali. Nous ne pouvons trop recommander aux propriétaires et aux vignerons cette fabrication, qui sera aussi utile à leurs intérêts qu'à la France.

Nous terminons enfin cet ouvrage en donnant le tarif des droits des commissionnaires en vins de la place de Paris, reconnu et approuvé par M. le Maire de Bercy; tarif qui ne peut être que très-utile aux vignerons qui expédient leurs vins à Paris; ils connaîtront, par l'examen de ce tarif, leurs droits, ceux du commissionnaire, et ceux des ouvriers employés au déchargement des vins.

ART

DE CULTIVER
LA VIGNE,

ET DE FAIRE DE BON VIN

MALGRÉ LE CLIMAT ET L'IMTEMPÉRIE DES SAISONS,

Suivi des moyens, 1°. de faire, avec les Vins de la Basse-Bourgogne, du Cher, de Touraine, etc., du Vin de Saint-Gilles, de Roussillon, de Bordeaux; 2°. de composer avec les Vins de ces derniers pays, du Vin de première qualité de Bourgogne et de Bordeaux; 3°. de fabriquer les Vins de liqueurs, les Eaux-de-Vie, les Vinaigres; 4°. de retirer la potasse des produits de la Vigne;

PAR M. SALMON,

CHIMISTE ET MARCHAND DE VINS EN GROS.

PROSPECTUS.

L'œnologie est une des branches les plus importantes de l'agriculture et du commerce. Plusieurs savans célèbres, Chaptal, Rozier, Cadet-de-Vaux, ont traité cette science de manière à en étendre les progrès. Tout en payant un juste tribut d'hommages à leur profond savoir, l'auteur de l'*Art de cultiver la Vigne* prouve qu'il restait encore beaucoup à dire sur l'application de la théorie à la pratique.

Après avoir fait connaître les diverses variétés de vignes, indiqué le mode de leur culture, examiné leurs produits, tant sous le rapport de la qualité que de la quantité, il expose tous les procédés propres à remédier à leur défaut de maturité, à toutes leurs causes de détérioration ; donne des moyens sûrs d'en prévenir les effets, décrit le meilleur mode de fermentation, et se livre à l'examen des qualités des vins du Midi ; montre comment avec ces vins, ou avec leur moût, on peut faire d'excellens vins de Bourgogne et de Bordeaux.

Enfin, le chimiste œnologue enseigne la manière de faire en Bourgogne et en Touraine des vins de Roussillon et de Saint-Gilles, etc. ; comment, avec les raisins secs, et à l'aide de substances colorantes, on fabrique des vins de première qualité ; ses théories sur l'art d'imiter le vin de Champagne mousseux ; de composer les vins de liqueurs, de faire les eaux-de-vie, les vinaigres, le raisiné, annonce que l'auteur est parfaitement au courant de tous les essais dans ce genre d'industrie. On appréciera ses préceptes sur la conservation des vins, ses conseils sur leurs mélanges, ses procédés d'analyse chimique, par lesquels il apprend à reconnaître la falsification et à découvrir la fraude.

L'auteur termine son ouvrage par la description des moyens de retirer des produits de la vigne les diverses espèces de potasse ; enfin, il y a annexé le tarif des frais dus pour les vins en entrepôt, ainsi que des droits des ouvriers des ports de la Rapée et de Paris pour chargemens et déchargemens des vins, arrêté par M. le maire de Bercy.

Paris. — Imprimerie de Mme. HUZARD (née VALLAT LA CHAPELLE), rue de l'Éperon, n°.

CULTURE
DE LA VIGNE.

CHAPITRE PREMIER.

De la Vigne.

La vigne est, depuis nombre de siècles, cultivée; selon toute apparence ce furent les Romains qui nous l'apportèrent lorsqu'ils firent la conquête des Gaules. Quoi qu'il en soit, il est constant que sa culture s'étendit bientôt par-tout où elle trouva des terres convenables et une bonne situation. Ses progrès furent même si rapides qu'ils portèrent ombrage aux Romains et que, sous prétexte d'une famine et de la nécessité de semer les terres en blé, l'on fit impitoyablement arracher, en 92 de l'ère chrétienne, tous les ceps qui décoraient le sol des

Gaules. Les Gaulois se virent de nouveau réduits à boire de la bière et de l'hydromel, comme leurs ancêtres. Ils se vengèrent de l'empereur Domitien, qui avait signé ce décret par le distique suivant : *Quand tu me rongerais jusqu'à la racine*, disait la vigne au bouc suspendu à ses rameaux, *je porterais encore assez de fruit pour fournir aux libations qu'il faudra faire sur la tête de César, lorsqu'on l'immolera.*

Les Romains n'avaient pour but, en faisant arracher la vigne, que de détruire le commerce des Gaulois et de ruiner la haute réputation qu'acquérait le vin de leur sol, qu'ils envoyaient aux nations les plus lointaines.

Ce décret inhumain et tyrannique ne fut aboli qu'en 282, que Probus, alors empereur, rendit cette culture à nos ancêtres.

Les croisades des douzième et treizième siècles contre les Turcs ont fait rapporter de Chypre, d'Alexandrie, de Corinthe et de la Palestine des sarmens de vigne d'une espèce nouvelle. Ils furent plantés au pied des Pyrénées, et ont donné naissance aux excellens vins de Frontignan, de Lunel, de Rivesaltes et autres. La vigne continua à se multiplier; mais en 1566, on la proscrivit de nouveau, sous le prétexte qu'elle nuisait à la culture des terres labourables; onze ans après, cet arrêt fut révoqué. En 1731, on fit défense de planter aucune nouvelle vigne en France, et de donner le moindre soin à celles qui auraient été abandonnées depuis deux ans, à peine de trois mille francs d'amende. La révolution de 1789 permit de nouveau de planter la vigne, et depuis lors aucune entrave n'est venue arrêter les progrès de cette culture.

Les espèces ou variétés de la vigne sont très-nombreuses, nous ne parlerons ici que de celles de ces espèces qui sont les plus connues, de celles qui donnent le meilleur vin, et de celles qui, en donnant un vin inférieur en qualité, sont d'un plus grand rapport.

Le *morillon noir hâtif*, dit *raisin de la Magdeleine*, originaire d'Italie, s'élève moins que la plupart des autres espèces. Ses feuilles sont petites; la grappe en est serrée; le grain petit; la peau coriace, d'un violet noir. Il mûrit à la fin de juillet ou au commencement d'août. On le sert sur nos tables. Il vient très-bien dans une terre rouge, franche, exposée au midi.

Le *meunier* est le raisin le plus précoce; il se distingue par la blancheur de ses feuilles, qui sont couvertes d'un duvet blanchâtre. Il vient fort bien dans une terre maigre. Sa grappe est courte, épaisse, formée de grains ronds assez gros, d'un jaune très-pâle. Le vin qu'on en retire est médiocre. Cette vigne est très-commune et elle coule rarement.

Le *bourguignon noir*, ou *franc-pineau*, a les feuilles couvertes d'un duvet cotonneux, obtuses à la pointe et lobées peu profondément. Son bois, ainsi que le pétiole et jusqu'à la rafle, sont d'un rouge foncé. La grappe est peu grosse, peu serrée, raccourcie, et présente des grains ovales, d'un rouge très-foncé, qui mûrissent uniformément. Ce raisin est excellent pour faire de bon vin; c'est celui qui donne le meilleur vin de France. Il aime une terre légère et siliceuse, et l'exposition du levant et du couchant. Cette plante produit peu; mais, nous le répétons, elle donne d'excellent vin.

Le *teinturier*, ou *gros gamé*, a les feuilles presque rouges; la grappe courte, à gros grains, d'un rouge violet foncé; il ne donne qu'un vin plat, acerbe, désagréable, qui sert à colorer les autres vins; toutes les terres, toutes les expositions conviennent à cette plante.

Le *petit gamé*, espèce de *morillon*

noir, vient dans les terres fortes à toutes les expositions. Ses feuilles sont pointues, d'un vert pâle, divisées en trois lobes très-distincts. Il redoute les gelées du printemps. Son raisin mûrit bien. Il donne un vin coloré, passable et d'un bon produit. Le cep demande à être provigné souvent; son plant dure fort peu d'années : il a été proscrit en 1395.

Le *raisin perlé*, muni de feuilles dentelées, d'un beau vert; des grappes peu fournies et donnant des grains de volumes inégaux, un peu ovales, d'un vert pâle perlé. Cette variété fait la base d'un grand nombre de vignobles. Cette vigne vient dans une terre calcaire ou marneuse, un sol en pente; l'humidité lui est contraire, sur-tout à l'époque de sa floraison; elle craint les gelées du printemps et de l'automne; lorsqu'elle en est frappée, elle ne rapporte que deux ans après. Son raisin est d'une saveur musquée, et il donne un vin généreux, soit rouge, clairet ou blanc, excellent.

Le *cornichon violet* et garni de feuilles grandes et très-peu découpées ; il porte des grappes petites, garnies de raisins de forme allongée, la tête grosse et la pointe recourbée. Dans certains cornichons, leur longueur est de trente-six à quarante-cinq millimètres (seize à vingt lignes); tandis que dans leur plus grand diamètre, elles n'ont pas plus de quatorze millimètres ou six lignes. Lorsqu'il parvient en maturité, il est violet ; mais cela ne peut avoir lieu que dans les pays chauds : car aux environs de Paris, il mûrit difficilement et ne donne qu'un vin dur et désagréable, qui doit être mélangé pour en tirer un bon parti.

Le *griset blanc* a les feuilles d'un vert gai, à lobes si peu distincts qu'il paraît presque enterré ; la grappe petite, de forme peu régulière, à grains ronds serrés, d'un vert grisâtre, dont la saveur est douce et très-agréable. Le vin blanc qu'on en retire, figure dans la troisième classe des vins de France ; il est moelleux, fin, corcé, a du bouquet et il est très-spiritueux.

Le *griset blanc* demande une terre graveleuse, en pente, une exposition chaude ; il se taille en petites courgées.

Le *morillon blanc* ou *baumier* a la feuille d'un beau vert gai, blanchâtre en dessus, comme drapée en dessous, et à lobes séparés par des échancrures peu profondes. Ses grappes sont un peu allongées et composées de grapillons distincts ; les grains, peu pressés, arrondis, de moyenne grosseur, d'un vert blanchâtre, d'une chair douce et sucrée. Ses raisins sont bons pour faire du vin et pour manger. Cette vigne aime les terres argileuses en pente, exposées au midi et au couchant ; on la taille en longues courgées ; le vin qu'elle donne est bon et de garde.

Le *mornain blanc*, par le volume et la forme de sa grappe, par la disposition de ses grains, qui sont peu serrés, d'un jaune pâle, et arrondis, ressemble beaucoup au chasselas blanc; il roussit de même au soleil; son jus est doux et fort agréable; il mûrit facilement, même au nord. Cette espèce est connue dans quelques vignobles sous les noms de *mélier blanc*, *noir et vert*.

Le *mélier blanc* est préférable aux deux autres variétés; quoique ces dernières chargent beaucoup, elles sont moins sujettes à couler et leurs vins ne jaunissent point.

Le *muscat* ne produit que très-peu de vin en France, même à Rivesaltes, département des Pyrénées-Orientales, à Frontignan et à Lunel, département de l'Hérault. Ses grains sont ronds, fermes, très-gros, très-serrés sur la grappe, d'un goût musqué très-agréable. Il y en a de blancs, de rouges, de noirs et de violets. La grappe, naturellement très-grosse, est allongée, étroite et se termine en pointe arrondie. Les grains, pressés les uns contre les autres, veulent être éclaircis pour atteindre leur degré de maturité ; ils sont durs, croquans, d'un vert clair, ombrés du côté du soleil ; leur chair est blanche avec un œil bleu, d'une saveur très-musquée.

Ce raisin mûrit difficilement aux environs de Paris : le vin qu'il donne a du corps, un goût de fruit très-prononcé, un parfum des plus suaves ; le *muscat rouge* a la grappe moins serrée et moins allongée ; ses grains, parfaitement ronds, prennent une couleur rouge de brique à l'ombre, ou présentent une teinte pâle ; tandis que le côté exposé aux rayons du soleil est de couleur violette et pourpre.

Le *muscat noir* a la grappe étroite, peu serrée, le grain rond, plus petit et moins musqué, et couvert d'une peau noire, ou d'un violet foncé. Ce raisin mûrit fort bien ; il est très-recherché par les amateurs.

Le *muscat d'Alexandrie* a les feuilles plus petites et plus découpées que celles des autres *muscats*. Ses grappes sont très-volumineuses et garnies de gros grains ovales, d'un pouce environ de long, d'un vert clair, légèrement ombrés, durs, croquans, d'une saveur musquée très-agréable; il mûrit rarement aux environs de Paris; il demande une terre substantielle et une exposition chaude.

Le *chasselas*. Ce raisin est excellent, fort recherché pour la table ; c'est celui que l'on cultive dans tous les jardins, en berceau, en treilles et en palissades ; il y mûrit parfaitement bien et se conserve depuis la fin de septembre, ou au commencement d'octobre, que sa maturité arrive, jusqu'au mois de mai. Ses grappes sont ordinairement grosses, allongées, peu serrées et divisées par le haut en larges grapillons; leurs grains sont blancs, ronds, fermes, et d'une grosseur qui varie souvent sur les mêmes grappes. Ils prennent une couleur ombrée, fort jolie du côté frappé par le soleil; leur chair est d'un vert pâle, remplie d'un suc abondant : le chasselas blanc est le plus commun : on en possède une variété noire, c'est-à-dire dont les grains prennent une teinte noire, ou d'un rouge sale aussitôt qu'ils sont formés. Ce raisin est très-bon.

Il y a encore un *chasselas* à grains musqués, dont le goût est plus exquis que dans les deux autres variétés. Sa grappe est un peu plus serrée que dans le blanc; ses grains sont également arrondis, d'un blanc jaune. Il mûrit de bonne heure.

Le *corinthe blanc* a les feuilles étoffées, grandes, peu découpées, d'un vert foncé en dessus et couvertes d'un duvet blanc en dessous; la grappe assez grosse, courte, serrée, garnie de petits grains ronds; il mûrit en septembre; il est d'un blanc un peu jaune, très-sucré et fort agréable au goût; il ne contient pas de pepins.

Le *corinthe violet*, ainsi nommé à cause de la couleur de son grain, est plus gros que celui de *corinthe blanc*, également sans pepins, fort sujet à couler.

Le *corinthe rouge* est très-estimé ; le gros paraît être une variété du *chasselas blanc ;* il a les grains plus petits et il est moins doux.

Le *gouais*. Il y en a de deux sortes, l'un est blanc et s'appelle vulgairement *verdin blanc et mouillet ;* l'autre, violet, nommé *gros plant, complant, gros tresson*. Tous deux sont excellens pour faire du vin. La grappe en est très-grosse et fort longue; les grains qu'elle porte sont arrondis, gommeux, mollasses, plutôt verdâtres que jaunes, très-riches en suc, peu savoureux, mais chargeant beaucoup. Cette abondance de suc a fait choisir le *gouais* de préférence par-tout où l'on vise plus à la quantité qu'à la qualité du vin. Les vignes qui en sont composées durent fort long-temps, sur-tout quand le *gouais blanc* domine. Il aime une terre franche, légère et chaude.

Le *verjus*, connu sous le nom de *bordelais*, a les feuilles grandes, épaisses et peu profondément découpées. La grappe est ordinairement longue et présentant plusieurs autres grappes secondaires qui en forment une masse monstrueuse; elle est garnie de grains médiocrement serrés, oblongs, pointus, d'un vert pâle, jaunissant un peu à l'époque de leur maturité; leur peau est dure; leur chair ferme, d'un blanc verdâtre, d'un goût d'abord très-âpre, mais devenant passablement doux vers la mi-octobre. Ce raisin, qui ne peut être mangé cru, est très-propre à faire du verjus. Il y a trois variétés de cette vigne, l'une à raisin blanc, l'autre à grains noirs, et le troisième à grains rouges.

De quelques variétés de Vignes cultivées en France.

1°. *Vigne sauvage, la bruche.*

2°. *Savignien blanc, uni, blanc, matinié.*

3°. *Rochelle blanche et noire, vigaune, morvegue.*

4°. *Ramoñat, négrier, gros noir d'Espagne, raisin de Lombardie, d'Oporto.*

5°. *Rochelle verte, sauvignau vert, folle blanche.*

6°. *Rochelle blonde.*

7°. *Feuille ronde, bourguignon blanc, pineau blanc, picarneau, mêlé, guenche, blanc, menu, gouche.*

8°. *Gamé noir, saumorille, chambanot.*

9°. *Mansard, grand noir, le damour, le vert de gris.*

10°. *Le murleau, le mourlat, le coq,*

le troyen, lardounet, le balsac, le cahors.

11°. *Le chasselas doré, bar-sur-aube,* variété, *blanquette* ou *daune.*

12°. *Le chasselas rouge.*

13°. *Muscat violet, madère, raisin noir de Constance.*

14°. *Muscat d'Alexandrie, passe-longue musquée, malaga.*

15°. *Raisin de Maroc, d'Afrique, maroquin, barbaron.*

16°. *Raisin de Suisse* ou *d'Alep.*

Il nous serait presque impossible de donner ici la description de toutes les variétés de vignes que l'on cultive sur le sol français. D'ailleurs, les variétés de vignes changent en quelque sorte de forme et de nature après un certain nombre d'années, suivant les sols dans lesquels on les cultive et l'influence du climat, chaud, humide ou froid, qui, suivant ces divers degrés de température et la nature du sol, tend à modifier à l'infini les variétés de la vigne.

Des expériences nombreuses viennent à l'appui de ce que nous venons de dire. Les sarmens de vigne que nous rapportèrent les croisades des douzième et treizième siècles, qui furent plantés au pied des Pyrénées, et qui donnent encore aujourd'hui nos excellens vins de Rivesaltes, de Frontignan et de Lunel, ne ressemblent plus aujourd'hui aux vignes de Chypre, d'Alexandrie et de Corinthe, et leurs produits sont bien différens; car les vins qu'ils donnent ne ressemblent en aucune manière aux vins d'où proviennent les vignes.

En 1764, le comte de Fontenay, propriétaire en Lorraine, homme instruit, forma le projet d'établir une vigne de Champagne dans sa terre de Champinelle. On lui représenta inutilement que le climat et le sol n'étaient point les mêmes que ceux de la Champagne. Les marcottes furent tirées de la montagne de Reims, on les planta sur un coteau à la plus heureuse exposition; aucun soin, aucune dépense ne furent épargnés, ni dans la plantation, ni dans la culture de cette jeune vigne. Les premiers fruits semblèrent en effet donner quelque espérance de succès ; ils avaient une autre saveur que ceux des vignes voisines ; mais après sept ou huit ans, cette saveur particulière disparut, et vingt années ne s'étaient point encore écoulées, qu'il ne restait plus d'autre privilége à cette vigne que de porter le nom de plant de Reims.

L'expérience nous prouve irrévocablement que les ceps de la Bourgogne qu'on a transportés dans le Roussillon, n'ont donné qu'un vin semblable à ceux de ce dernier pays ; de même les plants du midi ne peuvent donner en Bourgogne que du vin de Bourgogne, avec une petite différence dans le goût, qui disparaît après quelques années ; car, comme nous le démontrerons en parlant de la fermentation vineuse, l'action de la chaleur du climat change la nature du raisin, en désoxigénant l'acide tartarique, et en le faisant passer à l'état de matière sucrée; tandis que dans les pays où le climat est froid, la matière sucrée est en petite quantité dans les raisins, et l'acide tartarique qu'ils contiennent en abondance forme toujours un vin dur et acerbe.

D'ailleurs nous conseillons aux vignerons et propriétaires de vignobles de ne planter que peu d'espèces de variétés de vignes : par exemple, telles que le *pineau noir*, en Bourgogne, dont nous avons donné la description, qui est la variété de vigne connue pour donner le meilleur vin.

Le *gamé* peut encore bien être d'une grande utilité, quoiqu'il donne un vin bien inférieur en qualité; le vin noir qu'il donne peut servir avantageusement à colorer les autres vins et les rendre par ce moyen d'une vente plus facile, sur-tout lorsqu'on ne veut faire, ou qu'on ne peut faire que des vins ordinaires. Comme nous l'avons dit, il est utile de réduire à un petit nombre de variétés les plants qui doivent composer une vigne ; car la grande variété d'espèces qui n'ont entre elles aucun rapport, ne peut produire qu'un mauvais mélange, qui ne donne jamais un vin suave et franc.

Le temps propre à la plantation dépend entièrement du sol et du climat, et très-souvent de la variation des saisons : nous conseillons donc aux vignerons de s'en rapporter à l'expérience pour faire cette opération avec fruit.

CHAPITRE II.

De la Greffe, du Provinage, du Couchage et de l'Incision annulaire.

Nous commencerons à parler d'abord de la greffe, comme la méthode la plus usitée et la plus avantageuse pour rajeunir la vigne, sur-tout dans les contrées du midi de la France.

La greffe peut être employée avec succès dans bien des cas. Si vos ceps sont languissans, greffez-les, vous éviterez, par ce moyen, l'arrachement des vieilles souches et vous les rajeunirez de manière à les rétablir, même dans l'année; tandis qu'il vous faudrait plusieurs années pour créer de nouveaux ceps. D'ailleurs, la greffe améliore le fruit et donne assurément le moyen de substituer à un mauvais plant un rejeton de meilleure qualité, ou d'espèce différente.

Lorsqu'on veut greffer la vigne, soit pour la rajeunir, soit pour changer l'espèce de plant, il faut cueillir vos greffes en automne, immédiatement après la chute des feuilles, pour les soustraire aux gelées, qui pourraient les détruire ou les altérer; pendant l'hiver, on a la précaution de les enterrer, de la longueur de six pouces environ, dans un lieu à l'abri de la gelée.

Les greffes se composent en partie du bois de l'année et de l'année précédente. Le bois de l'année doit avoir de huit à neuf pouces de longueur; on choisit les jets les plus forts, les mieux nourris, et dont les yeux sont les plus rapprochés; on destine le bois de l'année précédente pour former le bec de la flûte. Quand on veut greffer, on déchausse les ceps jusqu'à la profondeur de seize pouces, et on les dégage suffisamment de la terre qui les environne; on scie les ceps à six ou sept pouces en terre; on taille les greffes, et on les range au fur et à mesure dans un vase où on a mis assez d'eau pour que les becs de flûte y soient entièrement plongés. Ceux-ci doivent être de la longueur de deux à trois pouces et aussi affilés que possible. La taille doit commencer au-dessous du nœud par lequel le bois de l'année tient à celui de deux ans. Le greffeur, avec un couteau bien tranchant, égalise la partie sciée de la racine, fait la fente et y insère une, deux ou trois greffes; on lie fortement avec de l'osier, de manière à rapprocher étroitement les séparations contre les greffes; la ligature faite, on met sur la greffe une bonne poignée de terre; on comble les trous avec la terre qui en a été retirée, de manière à laisser à découvert deux yeux de chaque branche insérée.

La végétation est peu sensible jusqu'au mois de juillet; mais alors elle se développe avec une vivacité étonnante, de manière que cette jeune vigne donne des raisins qui parviennent à une parfaite maturité. On ne doit point planter, la première année, des échalas près des greffes; car le balancement que le vent fait subir à ces échalas serait cause que les greffes éprouveraient des secousses qui feraient tort à leur développement: on ne doit donc employer que de petites baguettes de deux pieds et demi à quatre pieds, suivant la hauteur de la jeune vigne. On doit, autant que possible, ne greffer que des sujets analogues et dont le raisin et le bois soient à-peu-près de même nature; car les vignes qui donnent du bois d'une forte dimension, greffées sur des ceps, à bois grêle et délié, ne viennent pas bien : tandis que le bois peu vigoureux et de petite dimension, grêle et délié, greffé sur des bois plus forts, devient plus vigoureux et plus productif. Il ne faut jamais croiser les vignes blanches et rouges ; car les vins qui en proviennent ne sont jamais aussi bons.

La greffe, étant employée à propos, peut améliorer beaucoup d'espèces de vignes, les rendre plus fécondes, en leur faisant donner un vin de meilleure qualité.

Il est des vignes qui viennent bien dans presque toutes les espèces de terres, mais qui ne donnent que du vin d'une mauvaise qualité: en les greffant avec des sarmens provenant d'une vigne qui ne donne que du vin de première qualité, on aura l'avantage inappréciable de faire produire à un mauvais terrain du raisin qui donnera un vin de première qualité, semblable à celui fourni par le meilleur sol.

Choisissez, autant que possible, un beau temps, lorsque vous voulez greffer vos vignes; car l'humidité et la pluie sont contraires à cette opération et sont très-souvent cause qu'elle manque. Débarrassez aussi votre jeune vigne de toutes les herbes parasites, afin qu'elles ne nuisent pas à son développement.

La greffe réussit généralement mal dans les terrains caillouteux et arides, parce que l'absence presque totale de l'humidité l'empêche de s'unir au bois de la vieille souche; elle prend aussi très-difficilement dans un terrain qui a peu de fond : hors de là, elle réussit dans toute espèce de terre, pourvu toutefois qu'on la fasse en temps opportun et par un beau temps, sur des plants vigoureux et des greffes d'espèces analogues et bien conservées. Il faut aussi que le sujet que l'on veut greffer soit sain, exempt de nœuds à la place que l'on doit fendre ; il faut également que la fente soit nette, que la coupe du tronçon soit vaste. Le premier œil de la greffe doit toucher le sujet, le second se trouver à fleur de terre, et le troisième entièrement dehors; que la peau de la greffe touche celle du sujet dans la plus grande étendue possible. Vous pouvez greffer, au mois de mars et d'avril, suivant les climats, sitôt que vous voyez que la sève commence à se mettre en mouvement : un temps nébuleux, un vent du sud-est ou du sud-ouest, est très-favorable à cette opération ; le vent du nord est nuisible ainsi que le temps pluvieux.

La greffe, comme nous l'avons dit, améliore la qualité du raisin, et lorsqu'elle est entée sur des sujets sauvages, ou de mauvaises espèces, elle ne perd point sa qualité primitive pour prendre celle du fruit sauvage, dur et acerbe : au contraire, elle donne une vigne de bonne qualité et dont le raisin n'a aucune âcreté.

Du Provignage.

On peut encore, pour renouveler une vigne, employer la méthode dite provignage. On couche, à cette fin, un sarment de vigne, qu'on laisse adhérer au cep, dans une fosse ronde, d'environ un pied; on recouvre de terre la partie du sarment couchée dans le trou; et s'il est bien vigoureux, on ne laisse sortir du trou que deux branches du sarment, et s'il est faible, on en laisse sortir cinq à six. Le provin ainsi préparé tire du vieux cep, jusqu'à ce que ses racines soient formées, les sucs qui sont nécessaires à sa nourriture.

On doit faire cette opération en automne, et dans les pays froids, en février ou mars au plus tard. Les racines du jeune provin commencent à se développer en avril et ont atteint en juin la force qui leur est nécessaire pour procurer au nouveau cep une nourriture suffisante. Lorsqu'on veut s'en servir, on enlève la terre qui se trouve au pied du cep; on l'en détache et on l'en sépare avec soin des racines; on les couche horizontalement dans une fosse proportionnée à la hauteur des ceps; ces fosses varient de seize à vingt-quatre pouces; leur largeur est déterminée suivant la quantité des ceps qu'on veut placer; on coupe les provins en talus et on les dresse contre les parois de la fosse; on met une légère couche de terre, qu'on garnit d'un peu de terreau : par ce moyen, les racines peuvent végéter à l'abri de toutes les atteintes.

On doit tailler les provins à deux ou trois yeux, et leur donner un tuteur de vieux bois; car les paisseaux de jeunes bois nuisent à la plante et la font souvent mourir, à cause des sucs qu'ils contiennent, qui, en se dissolvant par les pluies, donnent un suc âcre, qui, en s'infiltrant dans la terre, atteint la racine de la jeune plante et la fait périr.

Le provignage a plusieurs avantages : il produit beaucoup de raisins, donne un vin de fort bonne qualité; il permet dans certains climats de tenir la grappe à peu de distance de la terre, et par ce moyen le raisin atteint sa maturité. D'ailleurs la vigne provenant d'un provin dure fort long-temps; mais il faut avoir l'attention de bien surveiller le provignage, afin qu'il soit bien fait, sans quoi on perdrait le fruit de ses peines.

Le provignage ne doit pas être répété souvent sur le même sujet, car il finirait par ne plus produire de raisin.

Dans certains pays, on n'opère le provignage que sur de jeunes ceps. Cette méthode est défectueuse, en ce que le provin enlève une partie de la force dont le cep a besoin pour donner de bon raisin et faire un vin de bonne qualité. On ne doit faire cette opération sur les jeunes plantes que lorsqu'il s'agit de remplacer un cep mort; dans d'autres pays, on attend que le cep soit vieux et en quelque sorte épuisé; on doit concevoir que dans cet état, il n'est plus capable, en raison de son défaut de force, de donner un provin vigoureux. On doit, pour faire cette opération avec avantage, saisir le moment où la vigne ne produit plus la même qualité de raisin, et que sa vigueur diminue sensiblement. L'on doit aussi, après un certain nombre d'années, placer la vigne dans un nouveau terrain, sans quoi sa vigueur diminue et ses produits deviennent de mauvaise qualité.

On emploie encore dans certains endroits pour rajeunir la vigne, l'opération qu'on nomme *couchage*. A cet effet, on place le cep horizontalement dans la terre; mais on ne doit faire cette opération que sur de jeunes ceps, placés dans un terrain contenant une couche de terre glaise, qui abreuve leurs racines par son humidité et leur cause une maladie qu'on appelle jaunisse; lorsque ces ceps sont couchés, leurs racines, au lieu d'entrer perpendiculairement dans la couche de terre glaise, tracent horizontalement dans la couche de terre végétale, en pompent les sucs nutritifs, deviennent d'une force étonnante et donnent des produits de première qualité.

La vigne ne donne de raisin que sur le nouveau bois. Pour la rendre plus féconde et pour empêcher son épuisement, on doit la tailler; il faut avoir égard, dans cette opération, au climat et au sol ; car c'est d'après cette connaissance que la taille doit varier pour donner les meilleurs produits.

On coupe, à la première taille, le jet produit, en ne laissant qu'un œil, qu'on rogne près de terre ; à la seconde taille, si on destine le cep à faire une vigne naine, on la taille sur le sarment le plus bas; si c'est pour une vigne basse, on laisse deux jets aux coursons; si on veut une vigne moyenne, on taille sur trois sarmens, et on coupe les autres près de la souche; on a l'attention de ne laisser à chaque courson que l'œil le plus près de la terre; à la troisième taille, on laisse un œil de plus à chaque mère-branche; les vignes moyennes doivent avoir trois yeux; les vignes basses deux: on taille la vigne naine très-près de la terre, mais de manière toutefois que les raisins ne touchent point la terre. La quatrième année, la vigne commence à donner du raisin: on taille à deux bourgeons sur les deux ou trois sarmens les plus vigoureux; à la cinquième année, on ne doit laisser que deux yeux sur les sarmens les plus forts et on laisse un seul œil sur les sarmens inférieurs; on ne doit aussi laisser que cinq coursons; à la sixième année, la vigne a atteint toute sa force; on doit la traiter alors suivant le climat et le sol, et laisser plus ou moins de coursons; mais on doit épargner les ceps languissans. Chaque vigneron taille à sa manière, et souvent il a pour cela de bonnes raisons : les uns taillent pour obtenir beaucoup de fruit à la récolte présente, sans s'inquiéter de l'avenir; les autres préparent tout pour l'année suivante ; quelques-uns, ne voulant qu'obtenir une grande quantité de raisins, taillent sur les plus gros sarmens, sans s'embarrasser si leur cep est bien ou mal fait, sans faire cas de l'élégance de la forme ; ils ne voient que la quantité des raisins que la vigne leur fournira.

On doit tailler la vigne, dans les pays chauds, immédiatement après la chute des feuilles; mais dans les pays froids, on ne doit le faire qu'après les geleés, avant que la sève ne circule, et par un temps sec.

En résultat, la taille doit être faite

suivant les diverses variétés des vignes et le climat. Si la vigne est vigoureuse, on doit la tailler fort courte; celle dont le bois est sec ne doit être taillée que fort longue et sur peu de jets.

Souvent, pour fortifier la vigne et obtenir de meilleurs produits, on l'ébourgeonne; cette opération concentre les sucs, diminue le nombre des sarmens qui les auraient absorbés, rend les raisins plus gros et d'une qualité supérieure.

Quand il y a apparence d'abondance de raisins, on doit ôter tous les petits bourgeons des pieds; si l'année n'est point favorable, on laisse trois à cinq bourgeons des plus vigoureux, suivant la force des ceps. Il convient pour faire l'ébourgeonnement avec fruit, que les raisins soient formés et que le temps soit beau.

De l'Incision annulaire.

Dans les années froides, lorsqu'on craint que la vigne ne coule ou que les raisins ne mûrissent point, on se sert avec avantage d'un moyen qu'on nomme *incision annulaire*. On enlève à cette fin, six à huit jours avant la floraison, un anneau d'écorce de l'épiderme, jusqu'à l'aubier; la largeur doit varier suivant le plant, le terrain et le but qu'on veut atteindre, d'une ligne à un pouce; cet anneau s'élargit et les feuilles de la vigne prennent une teinte jaune une quinzaine de jours après; le cambium sort de la plaie à l'état de mucilage; il se durcit insensiblement, s'étend, gagne la partie inférieure de l'anneau et finit par ne former qu'un seul corps avec le cep. Par ce moyen le raisin mûrit huit à dix jours plus tôt, ce qui peut être d'un grand avantage dans les climats froids et les années pluvieuses. On doit faire, dans la vigne basse, l'incision annulaire sur le bois de l'année précédente, au-dessous de tout sarment portant fruit. L'incision ne fait point un aussi bon effet dans la vigne à haute tige, on la fait à la naissance de la plaie ; dans les vignes à souche, on fait l'incision à toutes les branches portant fruit, si la jeunesse et la délicatesse du plant ne permettent point de l'inciser.

On a fait depuis quelque temps divers essais pour constater l'utilité de l'incision annulaire ; elle a toujours donné pour résultat des raisins plus gros, meilleurs et dont la maturité était avancée de dix à quinze jours; mais on a dû l'abandonner dans le département de la Côte-d'Or, parce que le vin était moins délicat et que les ceps perdaient leur force. Enfin cette opération doit être faite suivant les pays, les terres et les cas particuliers, et jamais dans une bonne année. C'est en opérant sur une petite quantité de ceps et après plusieurs années d'expériences qu'on peut déterminer avec certitude les pays, les climats où il convient de faire l'incision annulaire, afin d'en retirer un avantage certain, ne point courir le risque de voir dépérir les ceps traités par cette méthode et d'avoir des vins d'une qualité inférieure; car souvent pour obtenir un avantage précaire, on perdrait la réputation de son vin et le fruit de longs travaux, en détruisant ou en affaiblissant ses vignes; et cela pour que le raisin acquière sa maturité huit ou dix jours avant ses voisins.

CHAPITRE III.

Des Gelées et Maladies de la vigne.

Les gelées détruisent tout ou partie de la récolte lorsqu'elles arrivent en automne, avant que le raisin ait atteint sa maturité; elles influent encore considérablement sur la récolte des années suivantes, et empêchent souvent les ceps de produire de nouveaux fruits; les gelées de l'hiver sont bien moins dangereuses, en ce qu'elles n'attaquent que les vignes situées dans les bas-fonds et les terrains humides. L'ébourgeon est difficilement attaqué par la gelée, à cause du duvet cotonneux dont il est enveloppé, qui le défend de l'action du froid. Les gelées du printemps ont presque toujours des suites désastreuses ; elles détruisent en un seul jour tout espoir de récolte. On emploie quelques moyens pour remédier ou pour empêcher ce malheur : on met le long des vignes des tas d'herbes, de feuilles mortes, du foin pourri, enfin toutes les espèces de végétaux qu'on peut avoir en son pouvoir ; on recouvre d'un peu de terre ces tas de broussailles humides ; on y met le feu quelques heures avant le lever du soleil : la fumée que fournissent ces végétaux, est le préservatif le plus efficace contre cet accident ; dans quelques endroits, on arrose les vignes avant le lever du soleil.

La grêle est encore un des fléaux de la vigne ; elle déchire les feuilles, elle détruit les bourgeons, hache les sarmens, couvre les ceps de meurtrissures et de plaies. On doit les tailler de suite, afin qu'ils puissent se rétablir; on coupe court le jet qui a poussé. On doit laisser peu de coursons, afin de concentrer autant que possible les sucs nourriciers dans les ceps, pour qu'ils puissent leur donner assez de force pour reprendre leur ancienne vigueur; on supprime près du tronc les sarmens qui ont été frappés de la grêle. Si cette opération a été bien conduite, le cep repousse, produit du raisin l'année suivante et donne une récolte abondante la deuxième année.

Cependant, si la grêle frappait la vigne à la fin de juillet, il serait dangereux de la tailler, parce qu'elle courrait le risque d'être gelée par les premiers froids de l'hiver. On emploie pour empêcher la grêle de détruire les vignes des cordes de paille tressées, qu'on place au-dessus des vignes et qu'on attache au sommet des arbres qui les environnent ; on prétend que cet appareil peut préserver de la grêle les vignobles et qu'il a la propriété de la faire résoudre en pluie (1).

Les brouillards influent sur la vigne et sur ses produits ; ils rendent la vigne plus sensible à la gelée ; ils sont souvent cause que le raisin coule et que son grain pourrit ; d'un autre côté, lorsqu'il ne fait point froid, ils sont utiles ; ils entretiennent la terre dans un certain état d'humidité qui active singulièrement la végétation.

La vigne qui est plantée dans une terre grasse, trop abondante en sucs nourriciers, contracte une maladie, connue des vignerons sous le nom de *pléthore* ou *carniure*. La vigne jette des pousses portant des nœuds ; son bois est rougeâtre, plein de boutons gros et cassans ; elle donne d'abord des grains

---

(1) *Voyez* Annales d'agriculture, 2e. série, tome 31, la note de M. Crud sur les paragrêles.

de raisin d'une grosseur extraordinaire, mêlés à de petits grains, et finit par n'en plus produire que de la grosseur de petits pois. Quelques variétés de la vigne, telles que le *gamé* et le *mélier*, sont les plus sujettes à cette maladie. On doit arracher cette vigne, en défonçant le terrain pour éventer le fond, et on doit remplacer la terre qu'on a enlevée par des terreaux usés, du sable, du gazon, de la bruyère, enfin par des terres qui contiennent peu ou point de sucs nourriciers; on y plante un nouveau pied de vigne, à six pouces de profondeur. Les terres sablonneuses dont la superficie n'est recouverte que d'une faible couche de terre végétale, sont très-propres à la vigne; celle qu'on y plante vient facilement et se développe avec une végétation vigoureuse; mais au bout de huit à dix ans, lorsque les racines de cette vigne ont traversé entièrement la couche de terre végétale et qu'elles se sont introduites dans le sable qui fait la base de ce terrain, elles ne trouvent plus les sucs nécessaires à la végétation du cep; celui-ci dépérit et ne donne plus que des grapillons et il pousse ses feuilles dans une direction horizontale, au lieu d'oblique. Il n'y a point de remède à cette maladie; on pourrait cependant la prévenir, en couchant le cep la cinquième ou la sixième année : par ce moyen ses racines traceraient horizontalement dans la couche des terres végétales, au lieu d'entrer perpendiculairement dans le sable, qui est cause de la destruction de la vigne.

Lorsque les ceps reçoivent un coup ou une contusion quelconque, il arrive très-souvent qu'il s'y forme un chancre, qui se développe avec une rapidité étonnante, sur-tout lorsque l'année est défavorable à la vigne; on arrête les progrès de cette maladie en cernant l'écorce jusqu'au vif.

Dans l'été, lorsque les vents du sud

règnent, il arrive assez souvent qu'après un brouillard assez fort, les feuilles de la vigne deviennent rouges, et deux ou trois jours après elles tombent. Il paraît que cet accident est causé par le changement subit de température : cette maladie se nomme *rougeau*. Le grain du raisin se réduit et se dessèche ; il convient en pareil cas de faire à chaque cep un chapeau de paille qu'on place au haut de l'échalas.

Du reste, on a jusqu'aujourd'hui très-peu de moyens certains pour guérir les diverses maladies de la vigne ; il est à souhaiter que quelques agronomes instruits s'occupent de cette partie de la science du vigneron, afin qu'ils puissent nous indiquer le remède nécessaire à la guérison des diverses maladies de la vigne, qui désolent trop souvent nos campagnes.

Il existe plusieurs espèces d'insectes qui attaquent la vigne, tels que le hanneton, qui, à l'état de larve, ou ver blanc, se nourrit des racines de la vigne, fait périr le cep, et lorsqu'il est arrivé à l'état d'insecte parfait, il dévore les feuilles. Il faut avoir soin, pour les détruire, d'enlever la larve ou ver blanc, lorsqu'il est mis à découvert par les labours que l'on fait aux vignes au mois de mai. On peut les donner aux poules, ou autres animaux domestiques, qui en sont très-friands ; quant aux hannetons proprement dits, on les détruit en secouant les arbres le matin, pendant que la rosée y est encore attachée ; on écrase les hannetons ou on les enterre.

Le gribouri, à l'état de larve, ronge aussi les racines de la vigne, et, comme le hanneton, s'attache aux feuilles et les dévore. On pourrait détruire cet insecte en arrosant les plants avec du vinaigre mêlé de moitié d'eau.

Le charençon gris s'attache aux feuilles et les roule sur lui en spirale ; il est cause que la grappe se dessèche et ne donne que de mauvais raisin. On doit enlever les feuilles ainsi roulées avec le nid de l'insecte et les brûler.

La pyrale attaque plus particulièrement le *morillon noir*; elle ronge les feuilles, coupe leur pétiole, ainsi que le pédoncule et l'épiderme de la grappe; elle se dessèche; l'insecte y étend bientôt plusieurs filets blancs très-déliés; elle se fait par ce moyen un logement sur les fleurs et les fruits, à peine noués; elle ne sort de son nid qu'après le coucher du soleil; elle fait de très-grands dégâts au cep. On peut la détruire en allumant sur les hauteurs voisines de la vigne de la paille ou d'autres végétaux, qui, en donnant une flamme vive, attirent les insectes, qui viennent s'y brûler. On peut, par ce moyen fort simple, comme on le voit, en détruire des quantités énormes et en débarrasser les vignes. Il existe encore beaucoup d'insectes dont nous croyons inutile de parler ici.

CHAPITRE IV.

De l'Exposition de la vigne, et de la Qualité des terres.

L'influence des rayons solaires modifie singulièrement la qualité des vins, les vignerons doivent y faire une grande attention. L'exposition au nord est généralement reconnue mauvaise ; celle du levant serait une des meilleures, si au printemps elle n'occasionnait la brûlure ou autres accidens aux plantes couvertes de petits glaçons ; celle du midi est souvent trop ardente pendant l'été, et celle de l'ouest la moins convenable de toutes. Dans les régions méridionales, on doit préférer le levant et dans les régions boréales le midi.

Cette règle n'est pas sans exception, puisque les vignobles dits de la rivière de Marne qui fournissent de bonnes cuvées ; de Jouais, département d'Indre-et-Loire ; des deux rives du Cher, de Saumur, d'Angers, etc., sont exposés au nord et sont moins sujets généralement que les autres vignobles à être gelés.

La vigne aime un terrain sec et léger, les terres abreuvées d'eaux stagnantes la font périr. On la cultive dans le département de l'Ariége jusqu'au milieu des plus hautes montagnes, dans des terres toutes recouvertes de pierres, et si les habitans de ce département étaient moins insoucians sur la manière de faire le vin, sur la qualité des ceps qu'ils plantent et sur le soin de la culture qu'ils réclament, ils obtiendraient un vin presque semblable à celui de Tokai, qui fait la richesse de la Hongrie, et qui vient au milieu d'un terrain pierreux, de nature calcaire, sur le mamelon le plus élevé d'une montagne exposée au nord et à l'ouest, au confluent du Bodrog avec le Thilisque. Il existe quelques terres grasses qui produisent de bon vin, comme le vin du cru nommé Belai, dans le département de Maine-et-Loire, qui est généreux, corcé, de très-bon goût et de meilleure qualité que ceux que donnent les coteaux pierreux du même département.

Cependant les terres grasses et fortes ne conviennent point à la vigne, elle ne donne dans des terres semblables que des vins aqueux et de mauvaise qualité. Les terrains calcaires, tels que les craies, donnent d'excellens vins, d'une finesse et d'un bouquet parfaits, comme les vins de la Marne, du Cher, de la Creuse, de la côte de Gravès, département de Loir-et-Cher, etc. Plus le terrain calcaire est sec et léger, plus il est convenable à la vigne. Les sols granitiques dont la roche se réduit en poudre, en sable friable, donnent des vins de toute bonté, comme les vignobles du Mans, de Bonne, de Rescoule, de Murette, et de Bissas, commune de Tain, département de la Drôme; de

Côte-Rôtie, département du Rhône, de Moulin-à-Vent ; commune de Romanêche, département de Saône-et-Loire ; ceux des bords du Rhin ; de Rochemore, département de l'Ardèche. Les terres argileuses ne sont pas propres à la culture de la vigne, parce qu'elles ont la propriété de retenir constamment l'eau, qui la pourrit en très-peu de temps. Les terrains volcaniques qui sont un mélange intime de toute espèce de terres, fournissent à la vigne une végétation brillante et donnent d'excellens vins.

Ainsi toute terre légère, quelle que soit d'ailleurs sa couleur, fine et friable, qui n'a point la propriété de retenir l'eau, fera constamment produire de bon vin à la vigne qui y sera plantée.

CHAPITRE V.

Des diverses Manières de cultiver la vigne.

On cultive la vigne de diverses manières : en Italie; dans les départemens de l'Isère, de la Drôme, des Alpes, des Basses-Pyrénées, de la Charente-Inférieure, de l'Ariège, on forme des berceaux, où on fait monter les longues tiges sur des palissades. Cette méthode est très-ancienne, elle était pratiquée par les Hébreux et les Romains; elle est défectueuse, en ce que le raisin qui se trouve placé à la surface extérieure du berceau, étant constamment frappé par les rayons du soleil, est mûr, tandis que celui qui est caché par les feuilles, ou placé au bas de la tige, reste à l'état de verjus. Cette méthode ne pourrait, tout au plus, être bonne que dans les pays très-chauds.

On ne cultive généralement en France, pour faire du vin, que des vignes à tiges basses. Dans les départemens des Bouches-du-Rhône, du Gard, de l'Hérault, de l'Aube, et presque dans tous ceux les plus méridionaux, on tient les ceps très-écartés, et on laisse monter leurs souches jusqu'à deux pieds sur un seul brin. On appelle ces vignes *courantes*.

Aux environs de Grenoble, de Lyon, d'Autun, de Dijon, d'Auxerre, de Troyes, d'Orléans, d'Angers, d'Agen, d'Albi, de Cahors, dans tout le Médoc et même dans quelques vignobles de Reims et de Laon, on tient les vignes en treilles basses, disposées et rangées fort écartées, ou sur une seule tige, mais à un pied seulement de terre. Aux environs de la Rochelle, on n'emploie pas d'échalas; les sarmens rampent sur la terre jusqu'à l'approche de la maturité du raisin : alors seulement on les relève, en attachant ensemble par leurs extrémités ceux de chaque cep, de manière que les raisins sont exposés au soleil sans cependant trop s'éloigner de la terre. Ces vignes ne donnent que très-peu de vin et d'une mauvaise qualité.

Les jeunes vignes de Bordeaux, Lyon, Angers, etc., que l'on tenait ainsi, commencent à être assujetties contre un échalas, parce que leurs sarmens, plus longs, n'ont point assez de force pour se soutenir par eux-mêmes. Roger Schabol, célèbre jardinier, est l'inventeur d'une méthode dite *perchée* : elle consiste à disposer les plantes par rangées parallèles et transversales, en sorte qu'elles soient tout autour éclairées des rayons du soleil. Les vignes sont formées, à la troisième ou quatrième année de la plantation, en façon de contr'espalier, touchant avec de forts échalas à la hauteur de quatre pieds ; vers le milieu des échalas, on attache un rang de perches en travers, qui règnent d'un bout à l'autre, et un second rang à l'extrémité d'en haut, dressées au cordeau; les rangées sont espacées l'une de l'autre de deux mètres ou six pieds.

Quand la vigne est en état de garnir, les perches, au lieu de diriger ses poussées perpendiculairement et verticalement, comme on fait lorsqu'on la lie aux échalas ou même aux perches des vignobles d'Auxerre, on les retire toutes obliquement à droite et à gauche de chaque perche, où les ceps doivent former un double espalier, en sorte que la vigne puisse être également palissadée de deux côtés. On conduit ainsi tous les bourgeons depuis le bas des perches jusqu'au haut, de façon qu'ils les tapissent exactement et qu'ils en forment un cordon, ou une sorte de couronnement sur toute la longueur.

Pour y parvenir, il ne faut rogner l'extrémité des bourgeons que quand toutes les perches sont garnies, et à mesure qu'ils poussent on les entrelace.

Cette méthode procure une quantité prodigieuse de raisins, qui sont d'autant meilleurs que la sève est plus cuite, parce qu'ils sont plus exposés aux rayons du soleil et qu'ils acquièrent une qualité supérieure.

On élève encore la vigne en cônes, ou, pour mieux dire, en pyramides. Cette méthode nous est venue d'Allemagne. On divise au cordeau un terrain en lignes parallèles de huit pieds; on place, la première année, sur ces lignes des piquets en échiquier, à pareille distance l'un de l'autre. Au midi, ou du côté que le soleil favorise le plus long-temps de ses rayons, on ouvre la terre en parallélogrammes de deux pieds et larges d'un pied. Il faut mettre à part la terre de la première fouille, qui doit servir plus tard à recouvrir les racines des plantes. Les tranchées doivent porter, suivant la nature du sol, de dix-huit pouces à deux pieds de profondeur et être bien débarrassées des pierres qui pourraient par la suite gêner l'enfoncement des échalas.

On plante la jeune vigne en talus, dès l'automne, sans fouler la terre, les racines étendues sans confusion, le jet placé tout près du piquet, et le premier œil du plant, à partir des racines, quatre pouces plus bas que la superficie du terrain. On ne retranche aucune racine, on n'en racourcit aucune, à moins qu'elles n'aient été endommagées. Le jet le plus vigoureux se conserve seul; les autres se couchent comme s'ils étaient racines : on comble alors les petites tranchées, les yeux courant moins de risque pendant l'hiver.

La disposition en talus permet à la vigne de pénétrer tous les points du sol, d'en tirer plus de nourriture, et la chaleur du soleil parvient aux racines graduellement.

Au printemps, on découvre les jeunes plantes autour des piquets et on taille le jet à un bon œil. Cette taille se fait en bec de flûte, opposé à l'œil conservé, à un centimètre de la position; on attache les pousses dès qu'elles sont assez grandes et on n'en conserve que deux.

L'année suivante, on taille deux jets à un œil seulement, et s'il ne s'en trouve qu'un, la taille se fait à deux yeux : deux pousses se réservent encore, et lorsqu'elles ont à-peu-près quarante-huit centimètres, il faut les arrêter à cette hauteur et les attacher, le bois en devient plus fort.

Au printemps de la quatrième année, où la troisième feuille pousse, on place les échalas au lieu qu'occupaient les piquets. Les deux jets se taillent alors, l'un à cinq yeux et l'autre à six : on les tourne en spirale autour de leur tuteur, tous deux dans le même sens, laissant à-peu-près trois ou quatre pouces d'intervalle entre chaque spirale. Les jets ainsi tournés sont assujettis chacun par un lien ; on attache aussi les deux pousses supérieures et on les arrête quand elles sont assez grandes. On recueille déjà quelques fruits cette année.

Quant aux échalas, il les faut ronds, forts, droits, de six pouces de diamètre et hauts de neuf pieds; on garnit de goudron fondu la partie qui doit être fichée en terre.

Ce n'est qu'à la quatrième année qu'on forme les pyramides; on les fait triangulaires, cernées, pentagones, hexagones, la forme ronde est préférable; comme elle n'a point d'angles saillans, elle a moins d'inconvéniens que les autres. On taille de nouveau les deux pousses supérieures, et l'on continue avec les deux jets en spirale, toujours dans le même sens. Les autres jets, qu'on appelle coursons divergens, sont coupés à trois yeux et restent libres de toute attache.

Lorsque la vigne a des fleurs et dès que le raisin est noué, on ébourgeonne, c'est-à-dire on récèpe à six yeux les coursons divergens; on les tient plus courts pour donner plus d'air à la vigne, et l'on ravale les deux sujets supérieurs, qui s'attachent comme de coutume.

En ce moment, la vigne n'a encore que le huitième de sa hauteur et à peine un sixième de sa largeur; elle fournit déjà de vingt à trente raisins, c'est-à-dire qu'elle produit autant qu'une vigne tenue selon la méthode ordinaire et qui a toute sa croissance.

A la sixième année, les pyramides sortent de terre et la vigne prend tournure. Comme l'année précédente, on taille les deux jets supérieurs, l'un à cinq yeux, l'autre à six, et l'on continue la spirale, en ayant soin de le faire avant que les bourgeons commencent à se développer; on risquerait de les casser et on nuirait à la régularité de la pyramide. Les coursons divergens sont ravalés à quatre yeux. S'il se trouve des jets latéraux qui aient poussé de côté un courson divergent, on ne les supprime pas en entier; mais, suivant leur force, on les taille à un œil ou à deux yeux tout au plus. On élève ensuite les deux pousses supérieures et on les ravale dès qu'elles sont trop longues. L'ébourgeonnement se fait quand le raisin est noué. La jeune vigne donne, cette année, de trente à soixante raisins par cep.

Dans la septième année, on continue les mêmes opérations pour la taille, la formation des spirales et l'ébourgeonnement. On récolte par pied de vigne de cinquante à cent raisins pendant les huitième et neuvième années. On suit toujours la même marche, jusqu'à ce que les spirales aient atteint la hauteur des échalas : il n'est plus question alors de faire monter les pyramides, des spirales à former, des jets supérieurs à élever; tout ce qui dépasse l'échalas doit être taillé court, et les coursons divergens, récépés un peu plus longs que de coutume. A cette époque, on donne aux pyramides une étendue de base et de sommet, une certaine circonférence. Le diamètre de la base et du sommet doit être dans la proportion de deux à un, et de trois à un dans les expositions les plus sujettes à la violence des vents. Quant à la circonférence, laissez au bois le temps de se fortifier, et allongez graduellement sa taille et son ébourgeonnement, à mesure que les coursons deviennent plus forts. En aucun cas, ne laissez pas plus de deux yeux aux jets latéraux. Supprimez en même temps aussi quelques coursons divergens lorsqu'ils sont trop nombreux ou que l'un croise l'autre.

Une vigne traitée de cette manière, qu'on a soin de dépouiller de ses feuilles dans les années peu chaudes, composée de mille pyramides, rapporte, année commune, cinq cents hectolitres de vin; tandis que trois mille pieds de vigne traités par les méthodes ordinaires ne donnent que dix-huit à vingt-cinq hectolitres, année commune.

CHAPITRE VI.

De la Qualité des raisins.

Lorsque l'année a été froide, les raisins ne mûrissent qu'imparfaitement ; ils contiennent très-peu de sucre et beaucoup d'acide tartarique et une certaine quantité d'acide malique, que la chaleur aurait fait passer à l'état de sucre si elle avait été forte. Ces raisins ne peuvent faire qu'un vin dur, acerbe et désagréable.

Si l'année a été trop humide, le raisin est gros ; ses principes sont délayés dans une trop grande quantité d'eau et ne peuvent donner qu'un vin très-faible, qui n'est point de garde.

Ces deux causes principales, comme on doit le sentir, influent considérablement sur la qualité des vins

Il en est une troisième, celle d'une

extrême chaleur, qui, en faisant passer tous les acides que contenait le raisin à l'état de sucre, en fait un vin peu agréable et extrêmement capiteux : tels sont les *saint-gilles*, les *roussillons* et autres vins du midi, qui n'ont jamais le moelleux, la suavité et le goût délicieux de nos bons vins de Bourgogne. Jusqu'ici les hommes les plus célèbres qui ont traité cette matière, n'ont donné aucun moyen certain pour remédier à l'intempérie des saisons ou à la défectuosité du raisin ; car c'est de l'équilibre entre ses parties constituantes, c'est-à-dire de la juste proportion entre le tartre, l'acide tartarique, malique et le mucoso-sucré, pour les vins ordinaires, et entre l'acidule tartarique (ou tartre), le mucoso-sucré et l'eau pour les vins fins, que dépend leur bonne qualité.

Je m'occuperai, en traitant de la fermentation vineuse, des moyens d'obtenir constamment, n'importe l'année qui aura produit les raisins, un vin de bonne qualité, soit en ajoutant un ou plusieurs principes qui manquaient pour former un bon raisin, ou en détruisant un ou plusieurs principes qui seraient en excès.

Lorsque l'année aura été froide, en pesant le jus du raisin au pèse-moût ou sel, on verra qu'il ne donnera que quatre à cinq degrés pour le raisin de la Basse-Bourgogne, du Cher, de l'Orléanais, de l'Anjou, de la Touraine ; tandis que pour que ce vin soit de bonne qualité, il faut que le moût du raisin ait huit à dix degrés, qu'il acquiert dans les bonnes années.

Pour acquérir les degrés nécessaires à la formation d'un bon vin, quelques auteurs ont recommandé de tordre la grappe sur le cep. Ce mode se pratique en Espagne pour quelques vins liquoreux ; on obtient aussi le même résultat en laissant dessécher le raisin sur la souche : c'est ainsi qu'on le pratique à

Rivesaltes, dans les îles de Candie et de Chypre, ou en cueillant la grappe, en l'exposant à l'ardeur du soleil ou en la chauffant par un autre moyen quelconque. Cette méthode est encore employée en Touraine et dans le Haut-Rhin, pour faire leurs meilleurs vins. Tous ces moyens ne tendent qu'à faire développer une plus grande quantité de matière sucrée dans le raisin, et à faire évaporer une partie de l'eau qu'il contient. Les principes constituans du raisin se concentrent dans un plus petit volume et produisent par ce moyen un vin plus fort et de meilleure qualité; mais ces moyens ne peuvent être pratiqués que dans de certains pays, comme en Espagne, par exemple, où le climat permet de laisser sécher la grappe sur la souche ou de l'exposer aux rayons d'un soleil ardent; tandis que nos raisins de la Bourgogne, de l'Orléanais, du département du Cher, ne peuvent subir le même genre de travail, à cause de l'humidité de ces contrées, des pluies fréquentes, des nuits fraîches de l'automne, qui détérioreraient ces raisins et les corrompraient de manière à ne pouvoir en faire qu'un vin de mauvaise qualité.

On emploie encore, pour atteindre le même but, une cuve garnie, à six pouces de son fond, d'un autre fond percé de plusieurs trous; on l'emplit de raisins non pressés; on la recouvre de planches; au bout de quelques heures, les raisins s'échauffent de trente à trente-cinq degrés : il en résulte un léger mouvement de fermentation, qui concourt à la formation de la matière sucrée et à la destruction de l'acide tartarique et malique, qui, à ces degrés de chaleur, est désoxigéné par le carbone qui l'environne de toutes parts. Le faux fond de la cuve est mis pour laisser couler le suc de raisins écrasés par l'effet de leur pression et de la grande expansion qu'occasionne la chaleur.

Les anciens employaient, pour enlever l'eau surabondante du moût de raisin, afin d'en rendre les vins qui en provenaient plus forts et de meilleure qualité, le plâtre calciné (sulfate de chaux); mais cette matière a l'inconvénient de contenir une certaine quantité de chaux, qui, étant jetée dans le vin, décompose l'acidule tartarique (ou tartre) et forme du tartrite de chaux; d'un autre côté, une certaine portion de chaux se combine avec l'acide malique que peut contenir le moût du raisin et forme un sel qui, en restant en dissolution dans la liqueur, lui donne un goût fade et nauséabonde, comme on peut s'en convaincre par ce qui précède. Cette méthode est aussi défectueuse que préjudiciable, puisque elle tend à détruire l'un des principes constituans du vin, et à introduire dans la liqueur un sel étranger, nuisible à sa composition.

On emploie encore, pour rapprocher les principes constituans du vin et en extraire l'eau, l'évaporation. On fait, à cet effet, bouillir le moût du raisin, jusqu'à réduction du quart ou de moitié, suivant l'usage que l'on veut en faire, soit pour mêler à d'autre moût de raisin, afin d'augmenter le degré de force, ou pour le faire fermenter seul; mais cette méthode est défectueuse, en ce que le moût ainsi préparé perd en grande partie sa propriété fermentative et court le risque, si on n'y prend pas beaucoup de soin, d'avoir un goût d'*empyreume*, à cause des matières gommeuses et résineuses qui s'attachent, pendant l'ébullition, à la surface intérieure de la bassine ou de la chaudière, qui éprouve une chaleur assez forte pour être, en partie, décomposée, et fournit, par ce moyen, une certaine quantité d'huile, qui, en se mêlant à la liqueur, lui donne un goût et une odeur désagréable.

D'abord, le moût ainsi préparé ne

fait qu'un vin doucereux, sans suavité et par conséquent de mauvaise qualité. D'ailleurs on perd, par cette opération, le quart ou même la moitié du vin que l'évaporation a enlevé, sans en être récompensé d'aucune manière, même par la qualité du vin qu'on obtient.

C'est après une étude approfondie des diverses méthodes employées jusqu'à ce jour, que j'ai pensé qu'il était aussi utile qu'important pour les propriétaires de vignobles de leur donner une marche certaine, pour leur faire obtenir, suivant les diverses variétés des vignes qu'ils cultivent, un vin de première qualité, moyen que je me propose de développer et de mettre à la portée de tous dans cet ouvrage.

CHAPITRE VII.

Foulage du raisin.

Pour opérer la fermentation, il faut écraser le raisin : on le fait de diverses manières. Dans la Champagne, on prend une caisse carrée de quatre pieds de large, formée de liteaux de bois assez rapprochés pour empêcher les grains de passer ; on la place sur une cuve ; on verse dans cette caisse, qu'on nomme *martyre,* les raisins à mesure qu'on les apporte, et un ouvrier, avec de gros sabots, les foule et les écrase ; le moût s'échappe et tombe dans la cuve ; lorsque la pellicule forme une masse assez considérable dans la caisse, il ouvre une porte pratiquée à cet effet, prend le marc qu'elle contient et le jette dans la cuve, ou dehors, suivant l'intention que l'on a de faire fermenter le moût avec ou sans pellicule. On continue ainsi jusqu'à ce que la cuve soit remplie. Par cette méthode, le moût n'entre en fermentation que par portions. Il conviendrait mieux, pour que la fermentation fût bien uniforme, qu'elle ne commençât que dans la totalité de la masse, c'est-à-dire que lorsque la cuve est entièrement pleine.

Dans certains endroits, on foule les raisins dans de grands baquets; mais cette méthode a le défaut d'être lente et ne doit pas être employée dans des vignobles considérables.

En Bourgogne, on met dans la cuve la quantité de raisin qu'on veut faire fermenter; deux ou trois hommes y entrent, foulent avec les pieds, pressent avec les mains, et continuent de cette manière jusqu'à ce que tout le raisin soit écrasé.

M. Gay nous a encore donné un autre moyen. Son fouloir consiste en une trémie et un battage. La trémie est une espèce de mai sans fond, dont les planches des côtés sont beaucoup plus inclinées que celle d'une mai ordinaire. Son ouverture supérieure est, dans sa longueur, de cinq pieds, et dans sa largeur de quatorze pouces; l'ouverture inférieure, qui est la rainure à jour, ne doit avoir que quatre lignes de largeur. Elle peut avoir quatre pieds en longueur, la hauteur de la trémie est de quinze pouces.

Pour rendre cette machine plus solide et l'ouverture de la rainure invariable, M. Gay fait doubler en fer les parties inférieures et intérieures de la trémie à la hauteur de six pouces.

Cette doublure forme une espèce de caisse, composée de quatre plaques en fer forgé et épaisses d'environ cinq lignes, étamées et assemblées solidement.

Le battage est une petite planche portant deux manches et une lame en fer, dont la longueur est de onze pouces, et la largeur de cinq pouces; les deux manches sont fixés à la petite planche au moyen de deux mortaises pratiquées à celle-ci, où ils sont maintenus solidement par des chevilles en bois ; les manches sont placés à la distance de six pouces l'un de l'autre ; la lame du battage est assujettie dans une rainure par le moyen de clous rivés ; cette lame a environ une ligne d'épaisseur. Quand on veut faire usage de la fouloire, on fait mouvoir avec rapidité le battage, dont on tient à deux mains les manches ; tandis qu'un ouvrier ou un enfant entretient la trémie d'une quantité égale de raisin.

Pour conserver au battage, en l'élevant et en l'abaissant, la ligne perpendiculaire, l'auteur conseille de placer au-dessus de la trémie deux liteaux assez rapprochés, entre lesquels passeront les deux manches du battage : il prétend que sa fouloire procure un moût peu coloré et presque diaphane, qu'elle a l'avantage de fouler plus parfaitement ; d'opérer trois fois plus vite que par les moyens ordinaires. Les commissaires nommés par la Société des Sciences de Montpellier pour examiner cette machine disent, dans leur rapport, qu'elle peut être mise au nombre des instrumens les plus précieux.

M. Bournissac nous a donné un moulin de son invention, consistant en deux meules de trois pieds de diamètre et de seize pouces d'épaisseur, portées sur deux poutres bien fixées par un axe de fer, qui les traverse de manière qu'elles puissent tourner l'une contre l'autre par leur circonférence. Les deux axes sont arrondis autour dans les endroits qui portent sur les grenouilles de bronze, dans lesquelles ils tournent, et les meules sont contenues dans la même position par une virole ou anneau de fer placé à un des côtés de chaque axe, et qui les fixe dans leur mouvement comme les meules à repasser des gagne-petit : en sorte qu'elles ne peuvent dévier ni d'un côté ni de l'autre.

Des manivelles mobiles, qui se placent aux extrémités des axes, servent à mettre ces meules en mouvement, et l'on a soin de les proportionner, pour que les deux hommes employés à tourner ne puissent pas se rencontrer, ni se blesser les mains pendant la rotation.

Entre les deux meules et au-dessus est une trémie destinée à recevoir le raisin et à le diriger entre les meules; et comme le raisin pourrait s'échapper par les côtés, on a soin de prolonger en pointe les deux côtés de la trémie, de manière qu'ils arrivent presque au point le plus rapproché des deux meules. Par ce moyen, l'entonnoir que forment les deux meules est assez encaissé et fermé pour ne laisser échapper aucun grain de raisin, et nécessairement tout passe entre elles.

Les grenouilles sur lesquelles se fait le mouvement sont fixées sur des pieux de bois de sorbier, disposés sur les poutres, de telle sorte qu'on peut les avancer ou les reculer à volonté, afin de pouvoir rapprocher ou écarter les meules l'une de l'autre, autant qu'on le juge à propos, selon la grosseur du grain qu'il s'agit d'écraser.

Une auge en pierre de huit pieds de long et de deux pieds et demi de large, est placée au-dessous des meules pour recevoir le moût. Lorsqu'on veut séparer les grappes, cette auge elle-même est recouverte d'un long panier d'osier, dans lequel tombe toute la rafle écrasée ; une partie du moût s'écrase à travers le panier dans l'auge inférieure et la rafle reste dans le panier, d'où on la retire avec des râteaux, à mesure qu'elle s'accumule ; une ou deux larges ouvertures sont pratiquées sur le côté du panier pour faciliter l'enlèvement de la rafle.

Pour parer au jaillissement du moût dans le mouvement de rotation, les meules sont encaissées entre des planches, qui ramènent tout ce qui jaillit dans le panier placé au-dessous de l'auge.

Sur le derrière de chaque meule, et rasant presque la circonférence, sont fixées deux fortes règles de bois, destinées à arrêter les peaux, le moût et les rafles que la rotation entraînerait. Ces deux règles, faisant l'office de râteaux ou de balais, nettoient continuellement les meules, et font tout retomber dans le panier inférieur.

Enfin un escalier, ou bien un plan incliné, est pratiqué pour que l'on puisse monter facilement le panier de raisin et le jeter dans la trémie.

Deux hommes suffisent pour tourner les meules; ils commencent par les mettre en train, en leur donnant un mouvement rapide; aussitôt on fait tomber les raisins au fur et à mesure, pour ne pas trop fatiguer les tourneurs et ne pas rendre la résistance insurmontable.

L'effet de cette machine est tel que

deux quintaux de raisin sont écrasés dans l'espace d'une minute, en sorte qu'elle a plus tôt écrasé les raisins qu'il n'est possible de lui en fournir.

Ce moulin a fait le service public des vendanges à Anove. Ses avantages réels sont :

1°. D'écraser parfaitement le raisin avec tant de célérité, que le moût n'a pas le temps de se colorer et de ressentir l'influence de l'air; quand la rafle sort du pressoir, elle est même encore aussi blonde et aussi fraîche que si le raisin venait d'être cueilli et qu'il eût été exprimé entre les mains ;

2°. De fournir un moût aussi peu altéré que possible et chargé de fort peu de lie ;

3°. De simplifier et d'accélérer beaucoup le foulage, principalement pour les raisins des départemens du Midi et sur-tout la *clairette*, dont les grains, plus petits et un peu fermes, résistent au foulage ordinaire.

Sans vouloir émettre mon opinion comme une vérité fondamentale, il me semble que le mode de foulage qui donne le moyen d'écraser les grains uniformément, joint à la promptitude de l'opération, doit, toutes choses égales, donner des résultats plus avantageux, et par conséquent être préféré par les propriétaires des vignobles.

Les raisins ainsi écrasés donnent naissance à une liqueur nommée moût, dans laquelle les principes sont mis en contact, se confondent, agissent les uns sur les autres. Quelques-uns de ces principes se décomposent en tout ou en partie et donnent naissance à de nouveaux produits : diverses causes peuvent hâter ou modifier ce phénomène : par exemple, au-dessous de dix degrés du thermomètre Réaumur, la fermentation languit; elle n'a pas lieu à une température très-froide, ou du moins elle est insensible; mais à dix ou douze degrés du même thermomètre, la fermentation se soutient ; à une chaleur de douze à quinze degrés, elle est plus vive; au-dessus de ce point, elle est très-tumultueuse. On sait que les raisins cueillis le matin fermentent moins vite que ceux cueillis dans l'après-midi, parce que les derniers ont été frappés par les rayons du soleil et qu'ils ont quelques degrés de chaleur de plus. Il convient, pour obtenir une bonne fermentation, que la température de la cuve soit de douze à quinze degrés.

CHAPITRE VIII.
De la Fermentation vineuse.

Lorsque le moût aura été bien préparé par l'un ou l'autre des modes de foulage que nous venons d'indiquer, on le pèsera au pèse-moût : s'il ne marque à cet aréomètre que cinq ou six degrés, c'est une preuve que l'année aura été mauvaise. Il s'agira donc d'ajouter à ce moût le principe que la chaleur n'a pu y développer. Si l'on ne veut obtenir que du vin ordinaire tels que ceux de la Basse-Bourgogne, on prendra cent livres de mélasse, suivant la quantité de vin que l'on veut faire. On la fera dissoudre dans cent cinquante livres d'eau chaude; on la mettra dans une chaudière, et lorsque cette liqueur aura jeté quelques bouillons, on y jettera dix livres de noir animal en poudre; on fera bouillir cette liqueur pendant une demi-heure; on la retirera du feu et on la mettra reposer dans un baquet; au bout de quelques heures, on la décantera doucement, et on la passera à travers une chausse de laine; on jettera un peu d'eau sur le marc, et lorsque les liqueurs seront ainsi passées, on les réunira dans la chaudière, qu'on aura eu soin de bien nettoyer; on fera lever quelques bouillons, et on jettera dans la liqueur deux livres de crême de tartre en poudre. Le tartre, en se combinant avec le sucre, occasionnera une effervescence; on mêlera bien et on laissera refroidir : on aura alors un sirop aigrelet, d'une odeur et d'un goût imitant le jus de raisin, qui marquera environ trente-deux degrés à l'aréomètre, et composé des mêmes principes que ceux contenus dans les raisins.

Vous prendrez de ce sirop et vous en mêlerez à votre moût qui n'aura pas encore fermenté, jusqu'à ce qu'il marque huit ou dix degrés, qui est le point convenable pour faire un bon vin, comme celui de Tonnerre.

Lorsque votre moût sera ainsi préparé, vous recouvrirez votre cuve avec des planches pour en former une espèce de chapiteau, que vous luterez avec du plâtre ou avec de la terre argileuse gâchée avec de la paille coupée; vous laisserez à la partie supérieure du chapiteau un trou, auquel vous adapterez une soupape, que vous chargerez d'un poids plus ou moins fort et de manière qu'il y ait toujours une pression assez forte dans la cuve, afin que le gaz acide carbonique, qui se dégage en séjournant plus long-temps à la surface du moût, puisse se dépouiller des particules alcooliques et aromatiques dont il s'était en quelque sorte saturé en traversant la liqueur, que, sans cette précaution, il emporterait au dehors.

Quand on verra que la fermentation diminue et qu'elle est tranquille, au lieu de tumultueuse qu'elle était dans le commencement, on prendra le pèse-moût et on pèsera ; lorsqu'on voit que la liqueur marque zéro, c'est l'instant du décuvage. Soutirez votre vin : si votre cuve contenait douze pièces, il doit rester dans le marc environ deux pièces.

Prenez deux pièces d'eau, faites-les chauffer ; ajoutez de notre sirop préparé, ainsi qu'il est dit en la page 80, jusqu'à ce que votre eau ait acquis, au pèse-moût, quatre ou cinq degrés; versez dans votre cuve cette eau tiède ainsi préparée ; replacez votre couvercle sur la cuve. En peu d'instans, la fermentation s'établira ; elle se continuera plusieurs jours ; guidé par le pèse-moût, vous en opérerez le décuvage à propos. Vous exprimerez le marc, et, si vous le désirez, vous réunirez les deux produits résultant à celui de la première fermentation : il en résultera un produit total de bon vin de quinze à dix-sept pièces ; tandis qu'en opérant par les méthodes ordinaires, on aurait obtenu d'abord dix pièces de vin dur et acerbe, plus deux pièces de vin provenant de la pression du marc environ : au lieu que, d'après mon procédé, on obtient treize pièces de bon vin, en tout égal en force et en qualité à celui des meilleures années ; plus quatre pièces provenant de la seconde fermentation et de la pression du marc : ce vin sera, sous tous les rapports, de première qualité, comparé à celui de la même année, qui n'aura pas été traité de cette manière. On aura une différence en produit : d'une part, trois pièces de la première fermentation ; d'autre part, quatre pièces de la seconde fermentation, ce qui formera un total de sept pièces de bon vin, et on aura employé pour cette opération quatre cents livres de mélasse préparée comme nous l'avons dit, avec huit livres de crême de tartre en poudre, quarante livres de noir animal et six cents livres d'eau. En comptant la mélasse à vingt francs les cent livres, la crême de tartre à un franc la livre, le noir animal quinze francs les cent kilogrammes, on aura dépensé la valeur de quatre-vingt-onze francs pour faire cette opération, et on aura, pour se dédommager de ces frais, sept pièces de vin qui, comptées au prix moyen de trente francs, formeront un total de deux cent dix francs.

Il y aura donc un bénéfice réel de cent neuf francs, et en outre le vin, par cette opération, aura augmenté de moitié de valeur. Mais supposons qu'il ait seulement augmenté de douze francs par pièce, cela formera une valeur, sur les dix-sept pièces, de cent quatre francs, qui, joints aux cent neuf francs provenant de l'excédant, composeront un bénéfice réel de deux cent treize francs.

Il est donc facile de voir que par l'effet de ce procédé l'on obtient un vin ordinaire de première qualité et un produit de presque moitié en sus : on a ainsi le moyen de faire de bon vin dans les plus mauvaises années, et toujours avec un bénéfice réel et certain.

Quand on veut opérer sur les vins fins de la Haute-Bourgogne, on doit prendre, par exemple, cent livres du plus beau sucre brut, le faire dissoudre dans cent cinquante livres d'eau; mettre la dissolution dans une chaudière ; la faire bouillir et ajouter cinq livres de noir animal ; bien mêler le tout ; faire lever quelques bouillons ; mettre la liqueur dans un baquet, et lorsqu'elle a reposé quelques heures, la décanter doucement ; laver le marc avec un peu d'eau ; nettoyer bien la chaudière; mettre une chausse de laine au-dessus, et y passer les liqueurs réunies; faire bouillir, et jeter par petites parties deux livres de crême de tartre, bien mêler la liqueur, et lorsque la crême de tartre est parfaitement dissoute, mettre dans la liqueur un demi-kilo de feuilles de pêcher, une once d'iris de Florence et un quarteron de fleurs de sureau. On décantera la liqueur, et on la mettra dans un tonneau, qu'on bouchera bien. Lorsque l'année aura été mauvaise et que le raisin n'aura pas atteint sa maturité, vous mêlerez de cette liqueur au moût du raisin jusqu'à ce qu'il ait de dix à treize degrés, et vous ferez fermenter avec les précautions indiquées aux pages précédentes. Vous obtiendrez par ce moyen un vin de toute bonté, avec un goût et un arôme délicieux, tels enfin que nos meilleurs vins de Bourgogne.

Vous pourrez aussi, si vous le désirez, opérer sur des vins plus communs, tels que ceux du Cher, de Touraine, de Joigny, de Sens, de Vermanton, de Tonnerre; mais il faut avoir l'attention de choisir les vignobles qui produisent des vins qui n'ont aucun goût de terroir : car, sans cette précaution, vous ne pourriez jamais imiter les vins fins de Bourgogne, qui sont francs, moelleux, secs et suaves.

En suivant bien exactement les deux moyens que nous indiquons, on pourra faire avec les vins de nos départemens du Nord, qui sont généralement sans force, du vin ordinaire de première qualité, en se servant du premier sirop dont nous avons donné la composition aux pages 80 et 81 ; ou du vin fin de la Haute-Bourgogne, en choisissant, comme nous l'avons dit, un moût exempt de tout goût de terroir et autre ; mais lorsque l'année sera mauvaise, et que l'on voudra faire du vin fin de Bourgogne, il faudra détruire l'acide tartarique que contiendra le moût du raisin.

On prendra, à cet effet, six livres de chaux ou de craie mise en poudre, que l'on jettera dans une cuve de la contenance de six pièces de vin, remplie de moût du raisin qui n'a pas encore fermenté. On mêlera bien la chaux ou la craie ; elle formera à l'instant même avec l'acide tartarique qui rendait le vin dur et acerbe, un tartrite de chaux insoluble, et qui se précipitera dans le fond de la cuve.

Par ce moyen, le moût de raisin se trouvera dépouillé d'acide tartarique, et propre à faire du vin fin, parce que ces vins, lorsqu'ils sont de bonne qualité, n'en contiennent point. Il faut avoir bien soin, en faisant cette opération, de ne pas mettre plus de chaux ou de craie qu'il n'est nécessaire pour saturer l'acide tartarique qui se trouve à nu dans la liqueur; car sans cela la chaux excédente décomposerait le tartre que contient le moût, et formerait avec son acide un tartrite insoluble comme le premier, et la potasse, qui serait alors mise à nu, resterait en dissolution dans la liqueur, ternirait la couleur du vin par son action sur la matière colorante, et lui donnerait un goût de lessive très-désagréable. On évite cet inconvénient en mettant la chaux ou la craie en poudre, par petites portions, jusqu'à ce que l'on voie qu'il ne reste plus qu'un petit goût d'acide en tout semblable à celui du tartre en poudre que l'on mettrait sur la langue. Dans tous les cas, il vaut infiniment mieux qu'il y ait un petit excès d'acide dans la liqueur, que du tartre décomposé, c'est-à-dire de la potasse à nu.

Il nous est impossible de déterminer la juste quantité de chaux ou de craie que l'on doit mettre par cuve de vin;

car cette quantité dépend de la variété des vignes qui ont produit le raisin, du terrain dans lequel elles sont plantées, et du climat, de la température froide, humide ou chaude qui a régné pendant l'année. Nous engageons donc les propriétaires et les vignerons à opérer avec précaution et discernement pour faire la dernière opération que nous indiquons, afin qu'ils puissent obtenir un bon résultat et n'être point trompés dans leur attente.

La fermentation fait perdre par son action au moût du raisin sa saveur sucrée, par la propriété qu'elle a de changer le sucre en alcool. Au moment où la fermentation s'établit, le moût du raisin perd une partie de son odeur aromatique, qui devient alors piquante, à cause du gaz acide carbonique qui se dégage de la cuve : ce gaz n'est point propre à la respiration ; il tue les animaux, et peut occasionner des accidens très-graves ; on peut neutraliser son action en mettant près des cuves de la chaux délitée ou vive réduite en fragmens; l'acide carbonique a la propriété de se combiner avec elle en formant un carbonate de chaux, et par ce moyen l'air atmosphérique se trouve débarrassé du gaz acide carbonique qui l'infectait, et l'air redevient propre à la respiration. Le moût du raisin, au moment de la fermentation, produit, suivant la température, de douze à vingt-huit degrés de chaleur; elle est d'autant plus forte que la masse de la vendange est grande, et qu'elle est mêlée de pellicules et de rafles de raisin : au-dessous de dix degrés de température, la fermentation est languissante; il est, dans ce cas, très-utile de verser dans la cuve une certaine quantité de moût bouillant. Pour en augmenter la température, on peut encore employer le calorifère ou tout autre moyen qui peut donner au moût du raisin quinze degrés de chaleur, terme que nous avons reconnu être le meilleur pour obtenir une bonne fermentation et des produits parfaits autant que possible.

Les moûts qui découlent du raisin avant qu'on l'ait foulé, donnent du vin blanc qu'on nomme vierge : de même, les raisins rouges, lorsqu'ils n'ont été que foulés légèrement et séparés de leur pellicule, donnent des vins parfaitement blancs.

Les vins sont d'autant plus colorés que la pellicule est plus noire, que la matière sucrée est plus abondante, qu'il se forme une plus grande quantité d'alcool, qui, par son action sur la pellicule du raisin, a la propriété de dissoudre la matière colorante. Le vin que donne le marc par la pression est très-coloré ; d'ailleurs la couleur dépend principalement de l'espèce de vigne qui a donné le raisin et de sa parfaite maturité.

Si le moût qu'on fait fermenter est destiné à faire de l'eau-de-vie, il faut, dans ce cas, que la fermentation soit complète, afin de convertir en alcool toute la matière sucrée. Il faut donc que la fermentation soit absolument terminée avant d'opérer le décuvage : sans cela, tout le sucre qui resterait dans le vin serait en pure perte et ne pourrait contribuer à augmenter la quantité d'eau-de-vie ; mais si on destine le vin que l'on veut faire à nous servir de boisson, il ne faut point trop prolonger la fermentation, et il faut se servir du pèse-moût, comme nous l'avons indiqué, pour opérer le décuvage à propos : sans quoi, le vin perdrait de sa délicatesse et de sa suavité par le dégagement de la partie aromatique et par la formation d'une certaine quantité d'acide acétique, le contact de l'air atmosphérique ou de l'oxigène ne manquerait pas d'y développer et de lui donner un goût extrêmement désagréable, et qui finirait à la longue par faire tourner le vin à l'aigre, maladie très-difficile à guérir.

CHAPITRE IX.

Des Vins du Midi.

Les vins du Midi sont généralement épais, forts, chargés en couleur, tels que les vins de Montagne, Saint-Gilles, Roussillon, Gaïac, Marseille Collioure; tous ces vins n'ont point l'arôme, la suavité, le moelleux et la délicatesse de nos bons vins de Bourgogne, parce que la chaleur de ce climat, étant très-forte, fait passer, par son action continue sur les raisins, les acides tartariques et le mucilage qu'ils contiennent, presque en totalité à l'état de sucre : ce sucre, ou la presque totalité, se convertit, par la fermentation, en alcool, qui n'est point mêlé, comme dans nos bons vins de première qualité, avec une certaine quantité de principes doux et d'acidule tartarique, ou tartre, et d'une petite quantité d'acide tartarique, qui donnent aux vins la finesse et le moelleux qu'on y recherche : d'ailleurs, ces vins sont généralement chargés d'une grande quantité de sucre qui n'a point été décomposé par la fermentation, parce que le principe doux, l'un des premiers agens de la fermentation, n'était pas en assez grande abondance : car, comme l'ont prouvé des chimistes célèbres, tels que Lavoisier, Gay-Lussac et Thénard, pour que la fermentation soit complète, il faut que la matière fermentescible ou le vin, dont le principe doux fait un des élémens les plus importans, soit en juste proportion. Pour que tout le sucre contenu dans la liqueur puisse être alcoolisé, il faut que les moûts des raisins du Midi marquent au pèse-moût depuis quatorze degrés jusqu'à dix-huit.

Je crois utile pour l'intérêt des propriétaires de leur donner le moyen de faire avec le vin de leur pays du vin semblable à celui de Mâcon ou de la Haute-Bourgogne.

En général, lorsque l'on aura, par exemple, six pièces de moût de raisin, qui donnera, au pèse-moût, dix-huit degrés, on prendra deux pièces d'eau, que l'on mettra chauffer dans une chaudière ; quand l'eau sera chaude, on y mêlera six livres d'acide tartarique (ou tartre), une livre de fleurs de sureau, trois onces d'iris de Florence et une demi-once de graine d'anis ; on décantera l'eau, on la mettra dans un tonneau bien bouché, et lorsqu'elle ne sera plus que tiède, on la versera dans la cuve où l'on aura mis les six pièces de moût ; on jettera en outre dans cette liqueur deux livres d'acide tartarique, dont nous donnerons la composition plus bas.

Le moût ainsi préparé ne marquera plus au pèse-moût que douze à treize degrés : de manière qu'il ressemblera alors, sous tous les rapports, aux moûts de première qualité des vins de Bordeaux et de Bourgogne, qui ont aussi douze à treize degrés. On fera fermenter ce moût ainsi préparé dans une cuve garnie de son chapiteau, comme nous l'avons décrit page 81.

Lorsque la fermentation sera achevée, chose qu'on reconnaîtra facilement à l'aide du pèse-moût, on soutirera ce vin. On le trouvera d'une couleur vive et brillante, d'un goût et d'une saveur exquise, d'un arôme semblable à celui de Bourgogne : on pourra, si l'on veut, traiter le marc qui est demeuré dans la cuve, en y ajoutant une pièce d'eau, dans laquelle on aura fait dissoudre vingt livres de mélasse purifiées préalablement avec cinq livres de noir animal ; on y fera également dissoudre trois livres de tartre, et elle doit être aromatisée comme dans l'opération précédente ; on remettra le couvercle sur la cuve. La fermentation s'établira en peu d'instans, et lorsque la liqueur ne marquera plus que zéro, on la soutirera et on pressera le marc resté dans la cuve; on réunira les deux liqueurs, et l'on aura par ce moyen environ deux pièces de vin de fort bonne qualité, qui, jointes aux deux pièces d'eau préparée qu'on a ajoutées dans la cuve aux six pièces de moût, en formeront quatre, qui n'auront coûté, en y comprenant le travail, qu'environ douze francs. On aura de plus, par ce moyen, un excellent vin, qui imitera en tout les bonnes qualités du vin de Bourgogne, et d'un prix infiniment plus élevé que les vins du Midi.

Cette opération, comme l'on peut s'en convaincre, donne le moyen de faire avec les vins du Midi de bon vin de Bourgogne avec la dernière facilité, et d'avoir en outre, sur une cuvée de dix pièces, quatre pièces de plus que dans le travail ordinaire, et qui ne coûteront que trois francs par pièce. Le bénéfice est donc certain de deux manières : 1°. par la bonté des produits ; 2°. par l'augmentation de plus du tiers. J'ajoute, dans cette opération, deux livres d'acide tartarique au moût préparé, afin de détruire la teinte violette qu'ont presque toujours les vins du Midi ; l'acide tartarique agit sur la matière colorante, et la fait passer au rouge vif, de violet qu'elle était.

Le moût délayé dans l'eau préparée qu'on y ajoute, devient moins visqueux, et la liqueur, étant moins dense, entre en fermentation avec la plus grande vélocité, et en parcourt toutes les périodes avec promptitude, de manière à donner des résultats aussi satisfaisans qu'avantageux.

On peut encore, avec les vins du Midi, imiter les vins de Bordeaux de première qualité.

A cette fin, on prend cent livres d'eau, qu'on met dans une chaudière pour les faire chauffer ; on prend, d'autre part, deux livres de sulfate de fer (vitriol vert) qu'on fait dissoudre dans deux litres d'eau ; d'un autre côté, on prend une livre de bonne potasse, qu'on fait aussi dissoudre dans un litre d'eau. Lorsque toutes ces dissolutions sont faites, on les verse dans un vase, on mêle bien ; il se forme à l'instant un précipité bleuâtre ; on jette le tout sur un filtre. Lorsque toute l'eau est passée on en remet de nouvelle jusqu'à ce que le précipité soit entièrement dessalé ; ce que l'on reconnaît lorsqu'en le mettant sur la langue il n'a plus aucune saveur alcaline : dans cet état, c'est un pur oxide de fer. On prend cet oxide, on le jette dans l'eau de la chaudière et on mêle bien ; on ajoute alors quatre livres de crême de tartre en poudre, en continuant de mêler ; on décante et on met la liqueur dans un tonneau ; on y ajoute une demi-livre d'iris de Florence en poudre et trois onces de feuilles de pêcher ; on bouche hermétiquement le tonneau, et on le laisse reposer trois à quatre jours.

Lorsqu'on veut opérer avec cette liqueur, on la mêle bien et on verse dans le moût de raisin, qui est à quinze ou dix-huit degrés, jusqu'à ce qu'il n'en ait plus que douze ou treize, et l'on fait fermenter, en suivant du reste en tout point ce que nous avons dit, page 81.

Lorsque la fermentation est achevée, on soutire, et on a un vin semblable, pour le goût et le bouquet, aux vins de Bordeaux.

Nous ajoutons dans la composition de ce vin de l'oxide de fer, qui se combine avec l'acidule tartarique (ou tartre) et forme un sel triple, qui donne au vin un goût âcre, semblable à celui des vins de Bordeaux. Cet oxide aide aussi la dissolution du tartre : c'est pourquoi les vins de Bordeaux, qui contiennent généralement de l'oxide de fer, laissent déposer très-peu de tartre sur les parois intérieures des tonneaux dans lesquels ils sont contenus.

Nous ne faisons, dans cette expérience qu'agir, pour ainsi dire, que comme la nature elle-même, en la suivant pas à pas, puisqu'en faisant l'analyse des vins de Bordeaux nous avons reconnu qu'ils contenaient une certaine quantité d'oxide de fer; nous l'ajoutons à notre composition de vin fait avec celui du Midi. Nous avons aussi remarqué que les vins de Bordeaux avaient l'odeur et le goût de framboise : c'est pour cela que nous mettons dans notre composition de l'iris de Florence, qui a la propriété de lui donner un goût et une odeur absolument semblables.

Par ces moyens aussi simples que naturels, on obtient un vin de même bonté, de même nature que les premières qualités des vins de Bordeaux, et qui ne reviendra point à moitié de leur prix.

Dans les pays éloignés du Midi de la France, les vins de Saint-Gilles, de

Roussillon sont généralement chers, à cause des frais de transport : il serait donc utile de faire des vins pareils à ceux de ces deux pays avec nos vins de la Basse-Bourgogne, de la Touraine, et sur-tout avec les vins du Cher, qui contiennent beaucoup de matières colorantes.

On prendra en conséquence, lorsqu'on voudra imiter les vins de Saint-Gilles, deux cents livres de mélasse, qu'on mettra dans une chaudière avec cent livres d'eau; on fera chauffer, on délaiera bien la mélasse avec l'eau, et lorsqu'elle sera bien dissoute, on fera bouillir ; on jettera dans la liqueur quinze livres de noir animal; quand l'ébullition aura duré une demi-heure, on décantera, on laissera reposer, on lavera, comme nous l'avons déjà dit, bien la chaudière; on y mettra la liqueur; on y ajoutera trois livres de tartre en poudre, une livre d'amandes amères bien pilées et trois livres d'amandes douces aussi bien pilées; on fera bouillir un instant et on mettra cette liqueur dans un tonneau; lorsqu'elle ne sera plus que tiède, on la mêlera au moût du raisin du Cher, jusqu'à ce qu'il marque seize degrés au pèse-liqueur; vous ferez fermenter avec les précautions que nous avons indiquées.

Lorsque la fermentation sera achevée ou tranquille, vous soutirerez votre vin, et il sera semblable à celui du Midi, sur-tout en ajoutant une certaine quantité de matière colorante, dont nous donnerons la composition à la page 123.

Les deux cents livres de mélasse, jointes aux cents litres d'eau, formeront un total de cinq cents livres, ou une pièce d'Orléans de la contenance à-peu-près de deux cent vingt-huit litres, dont la liqueur sera environ à quarante degrés du pèse-moût. En mêlant cette pièce avec trois autres de moût du raisin de même contenance, on formera un total de quatre pièces de moût à seize degrés, terme que nous avons reconnu être le meilleur pour obtenir ce vin de bonne qualité.

La pièce de sirop ainsi préparée reviendra environ à quarante-quatre francs, et on aura en compensation trente veltes de vin de plus, qui, comptées à quarante sous la velte, donneront soixante francs, par conséquent seize francs en plus de ce qu'on aura dépensés pour les frais de l'opération; on aura en outre du vin aussi bon que le meilleur vin de Saint-Gilles.

Quand on fait cette opération dans une mauvaise année où le raisin n'a point mûri en totalité, on doit saturer l'acide tartarique que contient alors le moût de raisin avec de la chaux délitée, qu'on met par petites portions dans le moût, jusqu'à ce qu'on s'aperçoive qu'il n'a plus qu'un petit goût aigrelet semblable à celui du tartre qu'on tiendrait dans la bouche. On peut opérer de la même manière la conversion des vins de Touraine, de la Basse-Bourgogne et des autres petits crus en vin de Saint-Gilles, pourvu toutefois que les petits vins dont nous venons de parler n'aient point de goût défectueux ou de terroir.

Quand on veut faire du vin de Roussillon, on prend deux cents livres de sucre brut de première qualité ; on le fait dissoudre dans cent litres d'eau ; on purifie avec quinze livres de noir animal, et lorsque la liqueur est bien clarifiée, on y jette deux livres de crême de tartre en poudre ; on fait bouillir, et on ajoute six livres d'amandes douces bien pilées, une livre et demie d'amandes amères, un quart d'once de graine d'anis, une demi-once de fleurs de sureau. On met la liqueur ainsi préparée dans un tonneau qu'on bouche bien, et lorsqu'elle est refroidie ou qu'elle n'est plus que tiède, on la mêle avec trois pièces de moût de raisin de même contenance ; ce qui donne au mélange ainsi fait, si on a employé un moût de raisin à sept degrés, dix-huit degrés ; on met le tout dans la cuve et l'on fait fermenter comme à l'ordinaire ; on soutire, et on a un vin parfait, aussi bon, s'il n'est pas meilleur, que les premières qualités des vins de Roussillon. On aura soin, comme dans l'opération précédente, de saturer avec de la chaux l'acide tartarique, qui serait à nu ou en excès dans le moût du raisin, suivant la variété de la vigne qui l'aurait produit ou la température froide de l'année.

On doit remarquer dans cette expérience qu'en employant deux cents livres de sucre au lieu de deux cents livres de mélasse avec les mêmes proportions d'eau, le sirop qui en provient a deux ou trois degrés de plus ; cela vient de ce que la mélasse contient une certaine quantité d'eau pour pouvoir être constamment à l'état de sirop épais ; tandis que le sucre brut est presque en totalité à l'état solide, et contient très-peu d'eau. On ne doit pas attendre, pour les vins de Saint-Gilles et de Roussillon, que la liqueur en fermentation dans la cuve soit à zéro du pèse-moût pour soutirer le vin, parce que ce vin, après la fermentation, contient encore une assez grande quantité de sucre, dont la décomposition ne s'achève que dans les tonneaux, qu'à la longue et par une fermentation presque insensible. Or donc lorsque ce vin est nouveau, il contient encore du sucre, qui en donnant une certaine densité à la liqueur, est cause qu'elle marque quelques degrés au pèse-moût.

Dans le Saint-Gilles, le Roussillon et le Midi en général, on a l'habitude de les viner avant d'expédier les vins pour l'étranger.

Pour rendre les vins de Saint-Gilles et de Roussillon dont nous venons de donner la composition, semblables en tout à ceux que nous recevons du Midi, il conviendra aussi de les viner, quoiqu'en les composant comme nous l'avons décrit, ils soient beaucoup plus forts que ceux qui nous arrivent de ce pays.

Quand on voudra viner, par exemple, une pièce de soixante veltes de notre vin de Saint-Gilles ou de Roussillon, on ôtera de la pièce quatre brocs ou seize veltes, que l'on mettra dans une feuillette. On y versera, pour le vin de Roussillon, trois veltes d'eau-de-vie à vingt et un degrés; on bondonnera bien la feuillette et on la fera rouler, afin de bien mêler l'eau-de-vie avec le vin mis dans la feuillette, qui se mêlera d'autant plus facilement qu'elle sera en vidange d'environ sept à huit litres. On prendra ce vin ainsi mêlé d'eau-de-vie; on le versera dans la pièce de soixante veltes, avec l'attention, bien entendu, d'en retirer avant trois veltes de vin, sans quoi la totalité du mélange ne pourrait pas entrer dans la pièce, à cause des trois veltes d'eau-de-vie qu'on y a mises; on mêlera bien le vin dans la pièce. Ce moyen ne peut être employé que pour les vins de Saint-Gilles et de Roussillon nouveaux, c'est-à-dire, lorsqu'ils contiennent encore une grande quantité de sucre qui n'est point encore décomposée, parce que l'eau-de-vie, en se combinant avec le sucre, forme un corps plus lourd et plus dense, qui se mêle facilement avec le vin; tandis que lorsque le vin a achevé sa fermentation, c'est-à-dire lorsque le sucre qu'il contenait, est entièrement décomposé, l'eau-de-vie se mêle difficilement avec ce vin, et elle tend toujours à remonter à la surface, en raison de la pesanteur spécifique; ce qui lui donne une odeur d'eau-de-vie extrêmement désagréable, qu'il conserve trop long-temps.

Lorsqu'on veut viner les vins de Saint-Gilles, on emploie une velte et demie, au plus deux veltes d'eau-de-vie à vingt et un degrés au lieu de trois. On emploie du reste le même moyen.

CHAPITRE X.

Vin fait avec des raisins secs.

Les raisins secs, peuvent plus que toute autre substance, faire un vin délicat et agréable, en les faisant fermenter convenablement; ils portent avec eux le sucre nécessaire pour faire une bonne fermentation, et on en pourra faire des vins à fort bon marché. On ne pourra qu'être satisfait de trouver ici le moyen de faire ces sortes de vins.

On choisit cent cinquante livres de raisins secs, bien sains, de Corinthe, lorsqu'on veut faire la première qualité de cette espèce de vin; on les met dans un baquet, on verse dessus cent cinquante livres d'eau chaude; on couvre le baquet; on laisse l'eau pénétrer la pellicule des raisins jusqu'au lendemain. On trouve alors les raisins considérablement grossis; on les foule fortement et long-temps avec les pieds; on les presse avec les mains. Lorsque l'opération du foulage est bien faite, on ajoute encore cent livres d'eau tiède, on mêle bien; on verse le tout dans un tonneau; on met encore dans le moût ainsi préparé trois livres de crême de tartre en poudre, une once de fleur de sureau, et un quart d'once de graine de fenouil; vous faites fermenter le tout, comme nous avons dit pour les autres vins, et au bout de quinze jours, suivant la température, ou, mieux, lorsque vous verrez que la fermentation est achevée, vous soutirerez votre vin, et il sera propre à tous les mélanges du marchand de vin en détail, sur-tout à détruire la verdeur des autres vins.

Pour faire les vins muscats, on prend quarante kilogrammes de raisins muscats secs; on les met dans un baquet avec un kilogramme de fleurs de sureau mondées; on verse sur le tout vingt kilogrammes d'eau tiède; on couvre le baquet, et on le laisse revenir pendant vingt-quatre heures; on foule ensuite les raisins ainsi préparés, et on met fermenter dans un tonneau préparé à cet effet. Lorsque l'opération est achevée, on ajoute à la liqueur quatre-vingts bouteilles de bon vin de Chablis; on laisse macérer le tout ensemble pendant une quinzaine de jours, en ayant l'attention de bien boucher le tonneau.

On soutire ensuite le vin; on presse le marc pour en obtenir tout le vin qu'il peut contenir. On réunit les deux liqueurs pour les laisser clarifier par le repos; on colle et on soutire de nouveau; et il en résulte un vin comparable aux véritables vins muscats; on le met en bouteilles.

Pour faire le vin de Malaga, on prend trente kilogrammes de raisins secs de Damas, un demi-kilogramme de fleurs de pêcher; on met le tout dans un baquet; on verse sur les raisins vingt kilogrammes d'eau tiède; on foule les raisins et on laisse fermenter. Lorsque la fermentation est achevée, on ajoute cent bouteilles de vin de Champagne; on soutire; on colle de nouveau et on a un excellent vin de Malaga.

Parmi les vins de liqueur fabriqués hors de France, celui d'Alicante est très-recherché à cause de son goût délicieux. On fabrique beaucoup de ce vin aux environs de Marseille; il imite si bien le naturel, que les connaisseurs s'y trompent. Les fabricans de ces vins assurent qu'ils ne suivent pas d'autre procédé que celui employé en Espagne, où on laisse le raisin sur le cep après en avoir tordu la grappe pour en compléter la maturité; mais comme l'intempérie de l'automne ne permet point de laisser, aux environs de Marseille, le raisin sur la vigne, on le cueille à sa maturité; puis on l'expose au soleil sur des claies; on l'égrappe, on le coule et on le laisse fermenter. On y ajoute, lorsque la fermentation est finie, un quinzième d'alcool rectifié; on emploie aussi cet agent à Alicante. On laisse ensuite reposer pendant quelques jours pour opérer une combinaison parfaite dans ces vins; on soutire ensuite. Sans cette addition d'alcool, le vin ainsi préparé n'aurait point cet ensemble qui procure tout-à-la-fois une boisson douce et spiritueuse, que l'on obtient toujours en suivant les procédés indiqués.

Des Vins factices.

Il nous reste pour compléter ce chapitre, à entretenir nos lecteurs de la composition des vins dits proprement factices, dans laquelle il n'entre ni raisin, ni aucune autre espèce de fruits.

On prendra à cet effet cent cinquante litres d'eau de rivière; on y fera dissoudre cinquante livres de sucre brut de première qualité; on ajoutera à la liqueur cinq livres de tartre en poudre, trois onces de fleurs de sureau, cinq onces de feuilles de pêcher, une demi-livre d'amandes amères bien pilées, trois livres d'amandes douces, un quart d'once d'iris de Florence et un quart d'once de graine de fenouil concassée; on mettra le tout dans une pièce d'Orléans dont on aura soutiré le vin depuis peu; cette liqueur ainsi préparée avec les proportions que nous indiquons, doit la remplir à très-peu de chose près. On mettra dans le tonneau deux livres de levure de bière en morceaux; on placera, autant que possible, à une température de dix-huit degrés le tonneau; au bout de vingt-quatre heures, la fermentation sera parfaitement établie, et lorsqu'elle sera achevée, on soutirera ce vin, et on le collera avec trois ou quatre blancs d'œufs. On aura alors un vin propre à être mêlé avec les autres vins blancs ou rouges. On pourrait aussi le boire sans être mélangé; mais il n'a jamais ce moelleux et cet agrément qu'ont les vins naturels ; mais il peut servir avec un grand avantage aux marchands de vins en détail de Paris, pour couper, avec leurs autres vins, sur-tout avec des vins durs qui contiennent beaucoup d'acide tartarique, et qui, étant mêlés avec le tiers de notre vin factice, perdront beaucoup de leur verdeur et deviendront infiniment meilleurs et plus agréables.

Notre vin factice reviendra à environ quarante-quatre francs la pièce Orléans, contenant deux cent vingt-huit litres ; en le mêlant avec deux pièces de vin dur et chargé en couleur, on aura trois pièces de fort bon vin, plus un bénéfice de cent francs environ, puisqu'en y comprenant les droits d'entrée, une pièce de vin Orléans passable revient, droits d'entrée payés, à cent cinquante francs à-peu-près, rendue à Paris.

On peut encore faire du vin factice en employant de la fécule de pomme de terre au lieu de sucre ; mais il faut dans ce cas, faire passer la fécule à l'état de matière sucrée. On prend à cette fin cinquante kilogrammes de fécule de pomme de terre que l'on délaie dans deux cents kilogrammes d'eau bien pure ; on met le mélange dans une chaudière de plomb et on y ajoute cinq cents grammes d'acide sulfurique concentré à soixante-six degrés; on allume le feu sous la chaudière ; on mêle continuellement la liqueur avec un bâton ; on fait bouillir ; au bout de quelques instans, la liqueur s'éclaircit, devient moins tenace ; après deux ou trois heures d'ébullition, on n'agite plus que par intervalles ; on remplace continuellement par petites portions l'eau qui s'évapore.

On continue de cette manière pendant trente-six heures ; on ajoute alors de la craie en poudre jusqu'à ce que l'acide sulfurique soit entièrement saturé ; on y mêle aussi une certaine quantité de charbon de bois, afin de détruire les matières étrangères qui donneraient un mauvais goût à la liqueur; on passe à travers une chausse de laine; on remet la liqueur filtrée dans la chaudière ; on fait évaporer jusqu'à consistance sirupeuse ; on met refroidir la liqueur : elle laisse déposer une certaine quantité de sulfate de chaux qu'elle tenait en dissolution ; on lave le marc, afin d'enlever les matières sucrées qu'il pourrait contenir; on réunit les liqueurs dans la chaudière, et on ajoute de l'eau jusqu'à ce qu'elle n'ait plus que vingt ou vingt-cinq degrés au pèse-sel ; on jette dans la chaudière dix livres de noir animal; on fait bouillir pendant une heure; on filtre de nouveau à travers une chausse de laine, on jette un peu d'eau sur le marc, afin de le laver. On réunit les liqueurs dans un baquet ; on laisse reposer pendant vingt-quatre heures ; on remet les liqueurs dans la chaudière, et on y jette cinq livres de crême de tartre ; on fait lever quelques bouillons ; on décante les liqueurs dans un tonneau : on peut alors y ajouter quatre onces de fleur de sureau, deux onces de feuilles de pêcher, quatre livres d'amandes douces et quatre onces d'amandes amères. Après quelques jours de repos, on a un sirop d'un goût aigrelet, d'une saveur sucrée extrêmement agréable, imitant celui du moût du raisin. Quand on veut faire du vin avec le sirop ainsi préparé, on y ajoute de l'eau, jusqu'à ce qu'il ne marque plus au pèse-moût que neuf ou dix degrés ; lorsqu'on a l'intention d'imiter un vin ordinaire de Bourgogne, du Cher et de Touraine, on met le moût ainsi préparé dans un tonneau dont on laisse la bonde ouverte ; si c'est un fût d'Orléans, on ajoute une livre de levure de bière ; on met le tonneau à une température de quinze à dix-huit degrés ; comme ce vin, d'après sa composition est blanc, on y ajoute, si on veut le faire rouge, deux veltes de notre vin de sureau.

La fermentation s'établit et lorsqu'elle est achevée, chose qu'on reconnaît à l'aide du pèse-moût, on le soutire, et l'on a sous tous les rapports un vin parfait, qui peut servir avec avantage dans le mélange des autres vins ; il peut aussi donner, par la distillation, une eau-de-vie comparable aux meilleures connues dans le commerce.

Par cette opération, on peut obtenir un vin propre à tous les usages de la vie et infiniment meilleur que la plupart des vins provenant des petits vignobles, qui sont généralement durs et acerbes et d'un goût désagréable ; en les mêlant à notre vin par tiers ou par moitié, ils n'en deviendront que meilleurs et plus sains.

Le prix d'une pièce de notre vin, en comptant la fécule à vingt francs les cinquante kilogrammes, nous reviendrait, tous frais comptés, à environ seize francs ; car cinquante kilos de fécule donnent, étant traités comme nous l'avons dit, un sirop qui contient ou représente cinquante-cinq kilos de sucre brut, et on n'a besoin que de soixante-cinq à soixante-dix livres de sucre pour former une pièce de vin de la contenance de deux cent vingt-huit litres.

On peut aussi employer ce sirop au lieu de mélasse ou de sucre, comme nous l'avons dit à l'article *De la fermentation vineuse*. Cette opération, étant bien conduite, peut donner des bénéfices énormes, tout en améliorant la qualité du vin, et il peut, dans les années où l'intempérie des saisons a fait manquer la récolte du raisin, ou ne lui a pas laissé atteindre sa maturité, être d'une utilité générale, tant pour les vignerons que pour les marchands de vin en gros et sur-tout en détail, qui pourront faire avec notre vin des mélanges extrêment lucratifs; ils pourront aussi le faire servir dans plusieurs cas, à diminuer l'âcreté et la verdeur des vins provenant d'une mauvaise récolte; ils pourront encore, en les mêlant à des vins supérieurs en qualité, en diminuer le prix et faire un bénéfice considérable, sans diminuer l'agrément et la bonté de ces vins, puisque notre vin ne possède aucune qualité malfaisante ni nuisible à la santé.

CHAPITRE XI.

Des Matières colorantes.

On a souvent besoin, dans les années médiocres, sur-tout pour faire les vins de Saint-Gilles et de Roussillon, comme nous l'avons indiqué, page 129, des matières colorantes : c'est de la préparation de ces matières que nous voulons nous occuper dans ce chapitre.

Les baies de sureau contiennent abondamment le principe colorant;

mais on ne peut point mêler le suc de ces baies aux vins, à cause de son odeur forte et de son goût, qui le feraient aisément reconnaître ; en outre il porterait dans le vin un principe fermentescible qui tendrait à le mettre de nouveau en fermentation et qui lui donnerait un coup-d'œil louche.

Or donc pour éviter tous ces inconvéniens, on prendra deux cents livres de baies de sureau, cueillies dans leur maturité et par un temps très-sec; on les pressera et on les foulera comme nous l'avons dit pour le raisin; et lorsque elles seront réduites à l'état de moût on prendra trente livres de sucre brut ; on les fera fondre dans dix livres d'eau, on y ajoutera deux livres de crême de tartre; lorsqu'elle sera dissoute, on décantera et on fera fermenter par la méthode que nous employons pour les vins. Quand la fermentation sera achevée, on soutirera et on aura un vin très-aromatique, d'un goût excellent, extrêmement chargé en couleur, et très-propre à colorer les autres vins. Quand on voudra avec ce vin colorer ceux de Bourgogne, de Bordeaux, du Cher, on mettra une livre d'acide tartarique par cent livres du vin de sureau, afin d'aviver la couleur et de la rendre semblable aux vins de ces contrées.

Lorsqu'on voudra colorer les vins de Roussillon, on ne mettra point dans le vin de sureau d'acide tartarique, parce que les vins du Midi ont généralement une teinte violette qui leur est particulière.

Le vin de sureau ainsi préparé fera trente couleurs environ, suivant l'année qui l'aura produit; c'est-à-dire que vingt-neuf parties d'eau ou de vin blanc, dans lesquelles on versera une partie de ce vin, qui sera aussi coloré qu'un vin de Bourgogne ordinaire. Lors donc que l'on aura un vin de Bourgogne ou autre qui n'aura que sa couleur, et que l'on voudra lui en donner deux, on mettra, sur vingt-neuf veltes de ce vin, une velte de notre vin de sureau et ainsi de suite, suivant qu'on le voudra plus ou moins coloré.

Les vins de Saint-Gilles doivent avoir de trois à quatre couleurs pour plaire aux marchands et être d'une vente facile.

Les vins de Roussillon doivent avoir de quatre à six couleurs; car plus ils sont riches en couleur, plus cher on les vend, parce qu'ils servent, dans les mélanges que font les marchands en détail, à fortifier les petits vins et en même temps à les colorer.

Nous avons encore une autre espèce de baies, qu'on nomme baies d'hièble; on les trouve chez les herboristes: elles proviennent d'une variété de sureau; leur couleur est un peu plus terne et moins vive que celle des baies de sureau; mais comme on les fait sécher et qu'on les trouve toute l'année chez les herboristes, je crois utile de donner le moyen de faire avec les baies d'hièble un vin propre à colorer le vin de raisin.

Lorsque vous voudrez faire de ce vin d'hièble, prenez cent livres de graines d'hièble sèches; mettez-les dans un baquet; versez dessus quatre-vingts livres d'eau chauffée à environ quarante ou cinquante degrés; mêlez bien les graines d'hièble avec l'eau chaude; couvrez votre baquet; laissez reposer une nuit; le lendemain matin, vous trouverez vos baies d'hièble revenues à la grosseur qu'elles avaient avant d'être sèches; vous les foulerez avec les pieds et les presserez avec les mains. Lorsque vous en aurez formé une espèce de moût, vous ferez chauffer vingt-cinq litres d'eau, dans lesquels vous ferez dissoudre vingt livres de mélasse purifiée par le noir animal; vous ajouterez une demi-livre de tartre en poudre, et vous mettrez dans un tonneau le moût ainsi préparé; vous y ajouterez alors une demi-livre de levure de bière; deux heures après, la fermentation s'établira. Il faudra avoir l'attention de ne remplir le tonneau qu'aux deux tiers, afin que le moût soulevé par le dégagement de l'acide carbonique ne puisse point en sortir. Quand la fermentation sera achevée, vous soutirerez ces vins et vous exprimerez le marc fortement; vous remuerez les liqueurs et les mettrez dans un plus petit tonneau, afin qu'il soit plein jusqu'à la bonde. Vous laverez le marc et vous pourrez faire servir l'eau provenant de ce lavage, en place d'eau commune, à une nouvelle fermentation; vous aurez soin, avant que la fermentation ne soit achevée, de mettre dans le tonneau une demi-livre d'acide tartarique en cristaux, afin de rendre la couleur plus vive et plus belle.

Le vin d'hièble peut servir, comme le vin de sureau, à colorer les vins de raisin; mais étant préparé avec des baies sèches sur-tout, il est moins riche en matière colorante et la couleur en est aussi moins brillante que celle préparée avec les baies de sureau fraîchement cueillies.

Le vin d'hièble ainsi préparé a à-peu-près douze couleurs ; il peut servir avec avantage pour colorer les vins de Saint-Gilles, à cause du goût de violette qu'il a toujours et qui se trouve aussi dans les vins de Saint-Gilles.

L'on peut encore faire, avec les mûres sauvages, un vin très-bon et très-coloré.

On met dans un baquet cent livres de mûres sauvages, cueillies dans leur plus grand état de maturité; on verse de l'eau dessus jusqu'à ce qu'elles en soient bien baignées ; on écrase bien les mûres en les foulant ; on ajoute vingt livres de mélasse délayée dans dix litres d'eau, et une demi-livre de crême de tartre en poudre; on verse ce mélange dans le moût des mûres sauvages ; on mêle bien et on verse le tout dans un tonneau ; on se conduit du reste comme pour les autres vins, et on a, par ce moyen, un vin de teinte d'autant meilleure qu'il n'a aucune odeur désagréable ; on l'emploie, comme les vins de sureau et d'hièble, à colorer les autres vins.

Avec les trois espèces de vins dont nous venons de donner la composition, on pourra avoir, dans tous les temps, de la matière colorante à sa disposition, qui est de la dernière utilité, sur-tout dans les mauvaises années, où le vin est très-peu coloré, et qui, à cause de ce défaut, sur-tout pour les vins ordinaires, est d'une vente difficile, parce que les marchands en détail méprisent le vin qui n'a pas une belle couleur. Le vin de teinte de notre composition est très-vineux et a les mêmes propriétés que les vins de raisin ; au lieu de donner aux vins un goût plat, comme les diverses espèces de matières colorantes qui ne sont que des sucs de fruits mêlés avec de l'eau, et qui n'ont point subi la fermentation vineuse, il donne aux vins en les fortifiant, en raison de la grande quantité d'alcool qu'il contient, un excellent goût, un bouquet charmant, imitant un peu celui du vin de Chinon.

Ces procédés nous montrent combien il est facile d'obtenir des matières colorantes et à très-bon marché, puisqu'elles ne reviennent, tout calcul fait, qu'à environ un franc la velte, qui est à-peu-près la moitié du prix des vins ordinaires. Cependant ces vins de teinte sont plus forts et plus spiritueux que les vins de la Basse-Bourgogne; car leurs moûts préparés comme nous l'avons dit, marquent de douze à treize degrés à l'aréomètre, ce qui est le terme de force des vins du Languedoc. Ils ne peuvent donc, en cet état, nuire à la qualité des vins avec lesquels on les mêle, puisque leur fermentation est achevée, et que par conséquent les principes sont parfaitement combinés, et qu'ils sont de même nature que les vins de raisin, à la réserve d'une certaine quantité de résine qu'ils contiennent, qui leur donne un petit goût et un arôme particulier.

Pour faire les diverses expériences que nous venons de décrire, nous avons souvent employé l'acide tartarique ; on trouve cet acide chez tous les droguistes, mais comme ils le vendent fort cher (environ quatre francs la livre), nous avons jugé convenable, pour l'utilité générale, de donner ici la manière de l'extraire.

Acide tartarique.

Pour obtenir cet acide, on fait dissoudre trente-deux parties de crême de tartre dans l'eau, on y jette peu-à-peu de la chaux en poudre ; il se fait un précipité, qui est un tartrite de chaux. On met ce tartrite dans une cucurbite ; on verse dessus neuf parties d'acide sulfurique et cinq d'eau; on mêle, et on fait digérer pendant douze heures, en observant de remuer de temps en temps : alors l'acide tartarique reste libre; on le débarrasse du sulfate de chaux qui s'est formé, en le lavant plusieurs fois avec de l'eau froide, en faisant bouillir cet acide sur un feu doux, jusqu'à ce qu'il ait cinquante degrés environ à l'aréomètre. En le laissant refroidir, il se cristallisera en gros cristaux.

Cet acide a une saveur très-piquante; il rougit les couleurs bleues végétales. Il est contenu en grande abondance dans les raisins verts; les autres en contiennent aussi une certaine quantité, qui, jointe à l'acide malique qui est un de leurs principes constituans, leur donne le goût et la saveur.

Les proportions que je donne ici pour décomposer l'acidule tartarique (ou tartre), ne sont applicables que pour le tartre purifié, nommé crême de tartre; parce que le tartre brut est mêlé de beaucoup de matières étrangères, et par conséquent contient moins de tartre pur dans le même volume. Quand on voudra se servir du tartre brut pour faire l'acide tartarique, on en prendra dix livres, que l'on fera dissoudre dans cent soixante livres d'eau bouillante (ou quarante-deux litres); lorsque le tartre sera entièrement dissous, on jettera dans la liqueur de l'argile blanche bien pure, sur-tout exempte de chaux et de craie, qui décomposeraient le tartre; on fera bouillir pendant une demi-heure; on la décantera et on la filtrera de suite et bouillante : car si on laissait refroidir cette liqueur, une partie du tartre se cristalliserait; on remue la liqueur filtrée dans la bassine ou la chaudière, et on la clarifie, en y jetant six blancs d'œufs bien battus avec un peu d'eau; on passe la dissolution de nouveau, et on la met, si l'on veut, dans un lieu frais. Lorsqu'elle est refroidie, on trouve environ la moitié du tartre cristallisée. On remet de nouveau l'eau-mère sur le feu, et on la réduit à moitié par l'évaporation; on décante; on la remet de nouveau cristalliser. On continue ainsi de suite, jusqu'à ce qu'on ait retiré tout le tartre que contenait la liqueur. Le tartre de la première cristallisation est moins blanc et encore chargé d'une petite quantité de matières étrangères. On réserve le tartre de la première cristallisation, qui est le plus pur, pour faire l'acide tartarique, et celui de la deuxième et de la troisième cristallisation servira à la composition de nos sirops de mélasse et de sucre, qui servent à faire nos vins de Bourgogne, de Saint-Gilles et de Roussillon.

CHAPITRE XII.

Des Vins de liqueur.

On comprend généralement par vins de liqueur des vins dont la saveur est sucrée, chargée d'une grande quantité d'alcool. Ces vins ont la propriété de se conserver fort long-temps sans altération. Les vins de liqueur se préparent de plusieurs manières. Les méthodes adoptées dans les pays chauds consistent à tordre la grappe des raisins sur la vigne : par ce moyen, la plus grande quantité d'eau que contenait le raisin s'évapore, ou bien on fait sécher les raisins, après les avoir cueillis en les exposant à la chaleur du soleil pendant dix ou quinze jours.

Ces deux opérations tendent à rapprocher les principes constituans du raisin ; le moût qui en provient est à un degré très-élevé de force, de manière que dans la fermentation qu'on lui fait subir, il reste une grande quantité de sucre qui n'est point décomposée, et qui donne à la liqueur la saveur douce qu'on lui connaît. Les molécules du sucre sont parfaitement mêlées avec celles du vin; l'acool que contient le vin s'oppose à la fermentation du sucre en dissolution dans la liqueur, pourvu, toutefois, qu'on le tienne dans des vases bien bouchés. Ce vin imprime sur l'organe du goût une saveur vineuse et sucrée; chaque espèce de ces vins a un arôme particulier.

On peut encore faire ce vin de liqueur avec les raisins qui n'ont point été préparés, ou qui n'ont pu l'être par les moyens que nous venons d'indiquer. Il faut, en pareil cas, faire évaporer l'eau surabondante, en faisant bouillir le moût de raisin jusqu'à ce que le principe sucré domine, et qu'il soit plus abondant; mais on n'obtient jamais, par ce moyen, un vin de liqueur parfait; il est toujours plus ou moins défectueux.

Les bonnes qualités des vins de liqueur se reconnaissent par la saveur, par l'odeur; ils doivent marquer au pèse-moût quatre ou cinq degrés au-dessus de zéro; les meilleures qualités en marquent sept.

Les vins de liqueur qu'on estime le plus pour la table, sont : les *muscats*, le *Malaga*, le *Portugal*, ou *Madère*, le vin de *Tokai*, ou de *Hongrie*, le vin d'*Italie*, de *Piémont*, de *Mont-Ferrat*, le vin de la *Vendée*, le *Montefiascone*, le *lacryma-christi*, le vin de *Naples*, de *Calabre*, le vin *Grec*, de *Malvoisie*, de *Candie*, de *Chio*, de *Lesbos*, de *Ténédos*.

Les vins de liqueur se composent d'une certaine quantité d'eau, d'alcool, de matière sucrée, d'acidule tartarique, et d'un arôme particulier, propre à chaque espèce de ces vins. Après avoir reconnu leurs principes constituans, qui sont de même nature que ceux que nous pouvons avoir à notre disposition, tels que l'alcool, le sucre, l'acidule tartarique et l'eau, il n'y a que l'arôme seul qui demande beaucoup d'art pour être recueilli et marié de manière à pouvoir imiter le bouquet de divers vins de liqueur de première qualité.

Les espèces de ces vins qui sont les plus recherchées ont, lorsqu'ils sont vieux, un goût de framboise; on peut leur donner ce goût, lorsqu'on veut les imiter, avec de l'iris de Florence.

On peut aussi imiter le bouquet des vins muscats avec des fleurs de sureau.

En variant les divers moyens dont nous venons d'entretenir nos lecteurs, on pourra faire sans raisins et sans fruits, en tout temps et en tout lieu, du vin de liqueur comparable, sous tous les rapports, avec les meilleures qualités de mêmes vins obtenus du raisin.

Le moût de raisin propre à donner

du vin de liqueur, doit avoir une pesanteur spécifique à l'aréomètre de dix-neuf à vingt et un degrés. Mettez donc de l'eau à ces mêmes degrés, en y faisant dissoudre un sucre saturé par l'acidule tartarique (ou crême de tartre); en y ajoutant l'arôme nécessaire, vous aurez un moût presque semblable à celui des raisins qui donnent les meilleures qualités de vin de liqueur; mais malheureusement le moût ainsi préparé demande beaucoup de temps pour fermenter et donner un vin potable comme les vins de liqueur. D'ailleurs en opérant sur une petite masse, la fermentation serait défectueuse et mauvaise. On peut éviter l'embarras d'une fermentation longue, en mêlant directement les principes constituans des vins de liqueur ensemble dans de justes proportions. Or donc, lorsque vous aurez fait votre moût de dix-neuf à vingt et un degrés, comme nous l'avons dit plus haut, et aromatisé suivant les vins que vous voulez imiter, sur trois litres de votre moût, vous ajouterez un litre d'eau-de-vie à vingt et un degrés trois quarts, ce qui vous donnera un vin ayant le spiritueux et le liquoreux du vin de cette espèce.

Si vous désirez un vin plus liquoreux, vous ajouterez plus de sucre, et si vous les voulez plus spiritueux, vous y ajouterez de l'eau-de-vie; si vous souhaitez un vin plus sec, vous y mêlerez un bon vin blanc. Il ne vous restera plus alors qu'à donner à ces vins divers arômes; ils sont indéterminés dans la plupart de ces vins; ce n'est point comme dans les vins ordinaires.

Cependant, il y a beaucoup de vins qui ont l'odeur de muscat; ils sont musqués dans quelques vins par de l'acide qu'ils contiennent. On peut imiter cet arôme avec du sucre qu'on a laissé séjourner quelque temps dans des fleurs de sureau, ou avec des fleurs de sureau elles-mêmes; enfin, en mettant dans ces vins quelques atomes des arômes ci-dessus, et en les mélangeant convenablement.

Dans le grand nombre d'arômes que la nature nous donne, nous choisissons ceux décrits plus bas, comme plus convenables à nos opérations : tels sont, la cannelle, le girofle, le massis, la vanille, l'iris de Florence, le sureau, la rose, la fleur d'orange, la framboise, l'amande amère, la cerise, les noyaux d'abricot, de pêche, la baie de Sainte-Luce, l'orange, le citron, le cidre, la bergamote et l'ambre.

Pour préparer ces arômes, on réduit la cannelle et le girofle en poudre; le massis et la vanille se réduisent en poudre en y ajoutant la moitié de leur poids de sucre; l'iris de Florence se réduit en poudre sans mélange de sucre; la fleur de sureau se conserve dans des bocaux. La rose, la fleur d'orange doivent être distillées avec de l'eau-de-vie, et c'est la liqueur qui provient de cette distillation que l'on emploie. On traite de la même manière la framboise, les amandes amères ; il en est de même pour les citrons, les oranges, et si on aime mieux se servir des huiles essentielles de ces fruits, il s'en trouve chez tous les droguistes.

L'ambre, lorsqu'il est bien divisé, forme un des meilleurs arômes; mais il faut bien prendre garde qu'il ne domine dans les mélanges où on l'emploie, car il leur donnerait une odeur désagréable.

On emploie ces divers arômes seuls ou mélangés ensemble, suivant le bouquet qu'on veut donner aux vins de liqueur qu'on a l'intention d'imiter.

Des vins cuits.

Sous le nom de vins cuits, on ne doit pas comprendre du moût de raisins concentré par l'évaporation ; car cette liqueur n'est qu'un sirop épais qui n'a subi aucune fermentation ; nous entendons par vin cuit du moût de raisin préparé à cet effet avec de l'eau-de-vie et aromatisé convenablement.

On choisit à cet effet les raisins les plus mûrs et les plus beaux, parmi ceux de *malvoisie* et *muscat*, qu'on cueille par un temps très-chaud et aux heures de la journée où les rayons du soleil ont le plus de force; on les expose pendant sept à huit heures sur des claies aux rayons du soleil, on les foule. Le moût qui en provient se puise par le dessus, pour n'en prendre que ce qu'on appelle la fine fleur; on le porte dans une chaudière; on le fait bouillir jusqu'à réduction du tiers; on l'écume bien et on le met dans un tonneau qu'on bouche bien. Au bout de quelque temps, on obtient un vin d'une couleur ombrée; il est généreux et fort délicat. On ajoute, au moment de l'ébullition, dans certains endroits du Midi, un peu d'anis, de coriandre, de cannelle, des amandes d'abricots; on laisse infuser quarante-huit heures, on passe à travers un linge; on met la liqueur dans un tonneau, on l'y laisse tout l'hiver; on la soutire; on la filtre si on le juge nécessaire, et on la met en bouteilles.

Du Vin de Paille.

On prépare des vins de paille dans plusieurs vignobles des environs de Colmar, département du Haut-Rhin, et près de Nancy, département de la Meurthe, et à l'Ermitage, département de la Drôme.

Dans le Haut-Rhin, on choisit les plus belles grappes de raisin et les plus mûres parmi les raisins qu'on nomme, dans le pays, *gentils ;* on les suspend à des perches placées dans le grenier; on ménage des courans d'air pour que les raisins en soient constamment frappés; on les visite souvent pour en enlever les grains qui seraient gâtés. En hiver, on abrite des grands froids les raisins, de peur qu'ils ne gèlent. Au mois de mars, on égrappe et on presse. Comme le raisin est à demi sec, ses parties constituantes sont extrêmement rapprochées. Il donne peu de moût, qui ne fermente que lentement, à cause de la grande quantité de sucre qu'il contient, qui en fait une espèce de sirop. Lorsque la fermentation est achevée autant que possible, on soutire, et on a une liqueur douce et angoueuse; on clarifie et on met en bouteilles.

Quand ce vin a six à huit ans, il est fin, délicat et fort agréable.

Dans le département de la Meurthe, on nomme ce vin *vin de grenier*. On prépare le raisin de même manière, on le presse en décembre. Au mois de mars, on remplit les bouteilles, que l'on ficelle et que l'on goudronne; on les porte au grenier, et, au bout de quelque temps, il devient mousseux comme le vin de Champagne.

Le vin de l'Ermitage a une couleur

dorée et un parfum analogue aux raisins séchés au soleil. La fermentation est fort lente, de manière qu'il ne commence à fermenter que plusieurs mois après qu'il a été fait. Cette fermentation dure quelquefois six ans, et il faut qu'il ait huit à neuf ans pour le livrer à la consommation; mais alors il est un des meilleurs vins de liqueur du monde. Il s'en fait très-peu.

Vin de Tokai.

Le village de Tokai est situé sur le haut d'une montagne, au confluent du Bodrog avec le Thibisque ou Theiss. Les habitans sont des Hongrois protestans et des Grecs originaires de la Turquie.

Ce pays fut, il y a deux cents ans, un théâtre continuel de guerres. La forteresse qui défendait ce poste fut détruite à un tel point, qu'on n'en voit plus aucun vestige. Les vignobles sont tous à l'ouest de Bodrog et s'étendent au nord; ils occupent un espace de dix milles carrés, interrompus par des plaines où l'on trouve les villages de Talia, Mada, Torezal, Szombord, Benye et Toleswa. Le vin de Talia et de Torezal est meilleur que celui de Tokai; mais il se vend sous la même dénomination.

Ce vignoble est sous le quarante-huitième degré de latitude septentrionale. Le terroir est de la craie jaune, entremêlée de gros cailloux de nature calcaire. Les vignes les plus estimées sont exposées au midi, sur les penchans les plus escarpés et les plus élevés des mamelons de la montagne.

Lord Montague était si grand amateur des vins, que, quelques années avant de mourir, il fit exprès le voyage de Londres à Tokai pour y choisir lui-même la meilleure qualité de ses produits.

Les vignobles de Tokai fournissent assez abondamment de vin pour qu'on en trouve au dessert sur les tables des grands seigneurs de la Hongrie, de l'Autriche, de la Pologne et de la Russie.

L'empereur d'Autriche, le prince Trautzon et le collége des jésuites de Ungwar possèdent les meilleurs cantons.

Les vins de Tokai sont blancs. La vendange se fait le plus tard possible : elle commence ordinairement à la fin d'octobre, quelquefois elle n'a lieu qu'à la Saint-Martin. On laisse les raisins sur les plants jusqu'à ce que les brouillards les aient pour ainsi dire confits.

On fait à Tokai quatre espèces de vins, qu'on nomme *essence*, *auspruch*, *masslasch* et *vin commun*. Le premier se fait en plaçant les raisins bien mûrs et dépouillés de tous grains pourris ou défectueux, dans une cuve, dont le double fond qu'on a soin d'y mettre, et sur lequel reposent les raisins, est percé d'une infinité de petits trous. On emplit la cuve de raisins, on la recouvre de planches; au bout de quelques heures, les raisins s'échauffent de trente à trente-cinq degrés environ : il en résulte un léger mouvement de fermentation qui concourt à la formation, dans le raisin, d'une plus grande quantité de matière sucrée et à la destruction de l'acide tartarique qui, à ce degré de chaleur, est désoxigéné par le carbone, avec lequel elle est mêlée dans les raisins. Le faux fond de la cuve est mis pour laisser couler le suc des raisins écrasés par l'effet de leur pression les uns sur les autres et par la grande expansion qu'occasionne la chaleur. Alors on verse sur les mêmes grappes le suc exprimé d'autres raisins; on les foule avec les pieds, puis on met le vin dans de petits tonneaux, qu'on laisse à l'air pendant un mois, après l'avoir fait fermenter pendant un ou deux jours. C'est le vin qu'on nomme auspruch.

Le masslasch s'obtient en ajoutant du moût ordinaire aux deux précédens et en le pressant avec les mains.

Les vins communs se font par la méthode et la fermentation ordinaires.

On voit par là que la manière de fabriquer ces vins contribue principalement à leurs qualités.

C'est l'auspruch qu'on exporte ordinairement sous le nom de vin de Tokai. Les bonnes qualités ont une couleur argentée, un aspect huileux, beaucoup de spiritueux, et un goût à-la-fois doux, mielleux, et une saveur terreuse particulière, légèrement astringente et aromatique.

Ce vin se conserve fort long-temps ; il n'est potable qu'après trois ans.

Le prix ordinaire des vins de Tokai, première qualité, pris sur les lieux, est de six à sept francs la bouteille. La cour de Russie entretient à Tokai un bon connaisseur pour lui acheter, tous les ans, quarante à cinquante barils de ces vins.

Dans plusieurs endroits du département de l'Ariége, on cultive la vigne jusqu'au milieu des plus hautes montagnes, dans des terres calcaires, toutes recouvertes de pierres semblables à celles qui se trouvent dans les vignobles des environs de Tokai. Si les habitans de ces contrées voulaient se servir des mêmes moyens qu'on emploie à Tokai pour faire ce vin si renommé, qui fait la richesse de ses propriétaires, il n'y a pas à en douter, ils pourraient espérer d'obtenir un vin de même qualité et aussi bon que le meilleur vin de Tokai. Quel bénéfice immense ne feraient-ils point par ce moyen! Le plus petit vigneron acquerrait d'une manière rapide une fortune colossale, et cela presque sans frais et sans aucune peine. Puissent les habitans de l'Ariége suivre l'avis que nous leur donnons! Nous pouvons les assurer qu'ils n'auraient pas lieu de s'en repentir, et nous nous croirions heureux d'avoir indiqué une branche d'industrie qui fait la richesse et la gloire des habitans de Tokai.

Des Vins mousseux de la Champagne.

C'est dans les environs de Reims et d'Épernay (département de la Marne) que l'on fait les vins célèbres de Champagne mousseux. Ces vins sont faits avec un mélange de raisins noirs et de raisins blancs, choisis parmi les plus mûrs, purgés de tout raisin sec, vert ou pourri. Ils sont soumis promptement au pressurage. Le produit de la première pression donne le vin de la première qualité; la seconde pression donne un vin légèrement coloré, qu'on appelle *vin de paille*, et qu'on fait entrer pour un dixième ou un douzième dans les vins mousseux; la troisième pression sert pour mêler au vin rouge commun du pays. On met le vin mousseux en bouteilles au mois de mars de l'année suivante. La fermentation s'établit deux mois après; elle est très-forte à l'époque de la floraison de la vigne et en août, quand le raisin commence à mûrir : alors il se casse beaucoup de bouteilles. La fermentation diminue en automne et il se casse moins de bouteilles.

Il y a deux sortes de vins mousseux : le premier dit *grand-mousseux*, et le second *crémeux* ou *demi-mousseux*. Les *grands-mousseux* se font plutôt dans les années les moins favorables à la maturité du raisin; tandis que les *crémeux* s'obtiennent dans les années où la température est chaude et soutenue, de manière à obtenir un raisin parfaitement mûr.

On peut imiter le vin de Champagne mousseux en prenant du vin de Pouilly ou de Chablis de première qualité, et en mettant dans une feuillette de ce vin vingt livres de sucre candi de première qualité; on roule la feuillette, afin de faire dissoudre le sucre candi; on colle, et huit ou dix jours après on soutire et on met en bouteilles.

Le sucre que le vin a dissous se décompose, donne de l'acide carbonique, qui, ne pouvant se dégager, reste mêlé au vin et en soulève toutes les parties lorsqu'on ôte le bouchon de la bouteille. On appelle le vin dans cet état *vin mousseux*. Étant préparé avec soin, il peut être comparé aux meilleurs vins de Champagne. On peut, en le préparant, ajouter de la crême de tartre, afin de lui donner un goût aigrelet plus agréable.

CHAPITRE XIII.

Résumé.

On a vu qu'au lieu de nous attacher simplement à la fermentation du moût de raisin, fermentation que des savans célèbres nous ont fait connaître dans tous ses détails, nous avons cru devoir suivre une route nouvelle. Nous avons en conséquence donné le moyen (en développant d'ailleurs la méthode reconnue la meilleure pour obtenir une bonne fermentation) de faire avec du raisin provenant d'une mauvaise année de très-bon vin et avec un bénéfice considérable. Nous employons pour cela, d'une part, la mélasse, que nous avons purifiée par le noir animal, qui a la propriété de décolorer le sirop de sucre et de lui enlever son odeur désagréable; nous y ajoutons de la crême de tartre. Nous avons, par ce moyen, une liqueur qui contient trois principes constituans du raisin : le principe doux, la matière sucrée et le tartre, qui, joints au moût d'un raisin faible, s'identifient en quelque sorte avec lui, en augmentent les degrés de force, concourent, par la fermentation, à détruire une grande partie de l'acide tartarique que contenait le moût du raisin, et se changent avec lui en alcool, qui, réagissant sur la pellicule des raisins, en dissout la couleur, de manière qu'on obtient un vin très-spiritueux et d'une belle couleur, et cela en n'employant rien autre chose que des principes de même nature que ceux existans dans le moût du raisin.

On augmente par cette méthode non-seulement la qualité du vin, mais on y fait un bénéfice considérable.

Nous ne pensons point qu'aucun homme sensé puisse avoir de préjugés contre les moyens que nous indiquons.

Nous recommandons, pour faire les vins de bonne qualité, d'employer le sucre brut, parce que ce sucre étant du reste purifié, comme nous l'indiquons, n'a plus ni goût ni odeur désagréables; tandis que la mélasse, malgré les soins que l'on puisse prendre pour sa purification, conserve toujours un goût et une odeur d'empyreume, causé par les diverses cuissons qu'on lui a fait subir.

On peut, par ces deux moyens, faire avec les vins faibles ou de petits crus, du vin de Haute et de Basse-Bourgogne, de Bordeaux, de Saint-Gilles, de Roussillon, et l'on n'a besoin pour cela, comme le bon sens l'indique, que de mettre le moût de ces diverses espèces de raisins au degré qu'ont les vins que l'on veut imiter dans les meilleures années. On peut, avec la dernière facilité, par ces procédés, faire dans le Nord de la France du vin du Midi, et dans le Midi du vin qu'on ne récolte que dans le Nord. On évitera par là des frais de transport énormes, et toutes les classes de la société pourront boire de bon vin et à bon marché; ce que l'ami de l'humanité regardera comme un bien réel.

Nous donnons les moyens de viner les vins de Saint-Gilles et de Roussillon de notre composition. Nous recommandons de viner ces vins, avant que la décomposition entière du sucre n'ait eu lieu, parce que nous avons reconnu, par expérience, que l'eau-de-vie se mêle beaucoup mieux avec le vin, qu'elle forme avec le sucre une liqueur qui est miscible à l'eau en totalité. Nous recommandons de faire rouler le tonneau, afin que le mélange soit fait de suite, de manière que, quelques jours après, le vin ainsi traité n'a plus aucune odeur d'eau-de-vie.

Nous donnons le moyen de faire avec du raisin sec un vin excellent pour le mélange.

Nous indiquons également le moyen de faire des vins de teinte, sans lesquels on ne pourrait jamais, ou du moins très-difficilement, imiter les vins de Saint-Gilles et de Roussillon; à l'aide des matières colorantes que contiennent ces vins de teinte, on peut donner aux diverses espèces de vins dont nous avons parlé telle couleur qu'on jugera à propos.

Les vins de teinte préparés d'après

notre méthode, n'apportent dans les vins avec lesquels on les mêle aucune odeur ni aucun goût désagréables; d'ailleurs on doit les regarder comme étant de même nature que les vins de raisin, puisque, comme eux, nous leur faisons subir une fermentation vineuse et que leurs principes constituans sont du mucoso-sucré et du tartre. La seule différence qui les distingue, c'est qu'ils contiennent une certaine quantité de résine; mais comme on n'ajoute aux vins de raisin qu'un trentième environ de vin de teinte pour les colorer, la résine est alors, dans la masse du mélange, en si petite quantité comparativement, qu'elle ne doit pas entrer en ligne de compte, ou que son action doit être regardée comme nulle.

Nous donnons la composition de l'acide tartarique, si utile pour procurer à nos vins factices et de teinte une couleur vive et brillante; nous continuons, en indiquant le moyen de purifier le tartre brut que déposent les vins sur les parois intérieures des tonneaux, de manière à pouvoir l'employer à la composition de l'acide tartarique, ou à saturer la mélasse, ou le sucre que nous employons dans nos diverses opérations.

Nous donnons le moyen aussi utile qu'important pour les marchands en détail de Paris, de faire du vin sans raisin, qui revient à très-bon marché et qui peut servir dans tous leurs mélanges.

Heureux, si, en suivant cette marche, nous avons pu nous rendre utiles aux vignerons, aux marchands et aux négocians, cette classe si laborieuse qui fait la force et la richesse du Gouvernement!

En parlant des vins de liqueur, nous donnerons le moyen d'en imiter les diverses qualités; avec un peu de discernement, on pourra y parvenir de manière à les rendre en tout semblables aux vins de liqueur naturels.

En parlant des vins mousseux, nous donnons le moyen d'en composer avec des vins qui ont achevé leur fermentation, en y ajoutant du sucre, qui, se trouvant en contact dans ces vins avec une certaine quantité de matière fermentescible qu'ils contiennent, occasionne une nouvelle fermentation au bout de quelques jours; mais comme on a soin de mettre le vin en bouteilles avant qu'elle n'ait lieu, le gaz acide carbonique, au lieu de se dégager, comme dans une fermentation ordinaire, se trouvera enfermé dans les bouteilles, où la fermentation se fait et se dégagera avec véhémence, en entraînant une certaine quantité de vin avec lui; c'est ce qui fait le mousseux des vins de Champagne et qui leur donne un goût que les gourmets aiment beaucoup.

CHAPITRE XIV.

Du Vinage des vins.

Après avoir donné, dans les chapitres précédens, les moyens de faire des vins de première qualité en ajoutant au moût de raisin un ou plusieurs principes qui lui manquaient, nous pensons utile de donner ici une méthode sûre pour faire obtenir au vin qui a achevé sa fermentation les degrés de force qu'il doit avoir pour constituer un bon vin; car, dans la confection de nos vins, nous avons constamment, pour en augmenter les degrés de force, ajouté du sucre au moût du raisin, qui, en se changeant en alcool par la fermentation, a donné au vin qui en est provenu les degrés désirés. Il s'agit maintenant de donner à un vin faible les qualités d'un bon vin.

Si vous voulez opérer sur de petits vins de Touraine, pour en faire par exemple, du vin du Cher de première qualité, vous prendrez une velte et demie d'eau-de-vie, que vous mettrez dans un tonneau, dans lequel vous verserez trois livres de sirop de sucre dans lequel vous aurez fait dissoudre une demi-once de crême de tartre et vous mêlerez la liqueur ; vous laisserez reposer deux ou trois jours, et alors vous verserez dans la liqueur trois brocs de vin ou six veltes et vous brasserez le tout, que vous verserez dans une pièce de vin de Touraine ; vous y ajouterez un quart d'once d'iris de Florence et deux veltes de vin de sureau ; vous collerez votre pièce de vin ainsi préparée ; vous soutirerez après trois à quatre jours de repos, et vous aurez un vin parfait, tant pour le goût que pour la couleur et la vinosité ; on peut diminuer la dose d'eau-de-vie, ou l'augmenter, suivant le vin qu'on a l'intention de faire.

Quand on veut traiter les petits bourgognes pour en faire, par exemple, des premières qualités de vin de Tonnerre, si on emploie un vin vert qui contient beaucoup d'acide tartarique, on saturera cet acide avec de la potasse qu'on aura fait dissoudre dans l'eau, et filtrer; on versera de cette liqueur dans une feuillette de vin de petit bourgogne, jusqu'à ce qu'on s'aperçoive, en le goûtant, qu'il ne contient plus qu'un petit excès d'acide tartarique; car il faut bien prendre attention de ne pas saturer entièrement cet acide; il vaut mieux qu'il en reste trop dans la liqueur, que trop peu. On fait dissoudre dans l'eau deux livres de sucre, on les met sur le feu, on fait lever quelques bouillons; on écume bien et on jette dans la liqueur une demi-once de crême de tartre en poudre; on met, d'un autre côté, dans un petit tonneau une velte et demie d'eau-de-vie à vingt degrés, et on y verse le sirop de sucre préparé comme nous venons de le dire; on ajoute un huitième d'once de feuilles de pêcher, une demi-once d'amandes amères et deux onces d'amandes douces, le tout concassé; on laisse reposer vingt-quatre heures: on soutire alors quatre veltes de vin à la feuillette de Bourgogne qu'on a préparée, et on les verse dans le tonneau où est l'eau-de-vie; on brasse le tout et le lendemain on verse le mélange ainsi préparé dans la feuillette de vin de Bourgogne; si la couleur n'en est pas assez forte, on y ajoute deux ou trois litres de notre vin de sureau; on colle avec trois ou quatre blancs d'œufs qu'on a délayés et bien battus dans un verre d'eau, et on soutire trois ou quatre jours après.

Le vin ainsi préparé est, quelques semaines après, de la dernière bonté, comparable aux meilleurs vins de Bourgogne, sur-tout si on a eu le soin de choisir un vin, pour faire cette opération, exempt de goût de terroir et d'autres défauts semblables. On pourra en suivant cette méthode, imiter tous les vins de la Haute-Bourgogne, de manière que les plus fins gourmets s'y méprendront.

On peut, à volonté, augmenter ou diminuer la dose d'eau-de-vie que nous prescrivons, suivant les diverses qualités de vin que l'on voudra traiter de cette manière, et dont il nous est impossible de prévoir d'avance les degrés de force qu'ils pourront avoir; on pourra également, si l'on veut, ne point saturer l'acide tartarique que contiendront ces vins, comme nous l'indiquons; car en vieillissant cet acide se décomposera dans le vin et il n'en sera que meilleur et plus agréable.

Nous conseillons aussi de n'employer autant que possible, sur-tout quand on veut faire des vins fins, que des vins de petits crus du même pays que ces derniers, parce que nous avons remarqué que chaque pays donne aux vins qu'il produit, un arôme et un goût particuliers qu'il est extrêmement difficile d'imiter : c'est pourquoi dans ces deux dernières opérations, nous avons recommandé :

1°. Pour faire du vin du Cher, d'employer des vins de Touraine, qui sont à-peu-près sous le même climat et qui en approchent pour le goût et l'odeur ;

2°. De prendre des vins de petits crus de la Basse-Bourgogne, tels, par exemple, que ceux de Sens, de Joigny, d'Auxerre, soit pour imiter les vins de première classe de Tonnerre ou de la Haute-Bourgogne, parce que ces petits vins ont le moelleux, l'arôme et la délicatesse, et qu'il ne leur manque en quelque sorte que la vinosité pour les constituer vins de Bourgogne de première qualité.

On peut traiter de la même manière les vins du Cher, de qualités médiocres de Touraine, de Mâcon, afin de leur donner la perfection désirée. Les vins de Bordeaux sur lesquels on opérera de la même manière, devront être aromatisés avec deux onces d'iris de Florence par pièce, au lieu d'amandes douces et amères qu'on met dans les vins de Bourgogne, plus trois livres de sucre à l'état de sirop, comme nous l'avons dit.

On a l'habitude, dans le Midi et souvent à Paris, de viner les vins de Saint-Gilles, Roussillon, Colioure et autres ; car ces vins ne sont presque toujours recommandables que par la grande quantité d'alcool qu'ils contiennent. La meilleure méthode pour les viner convenablement et qui nous a toujours complétement réussi, qui n'a point, comme la méthode ordinaire, le défaut de laisser pendant fort long-temps aux vins ainsi traités un goût et une odeur d'eau-de-vie extrêmement désagréables, qui en empêchent la vente pendant plusieurs semaines : la meilleure méthode, disons-nous, pour éviter cet inconvénient, est de prendre huit livres de sucre brut : faites-les dissoudre dans le moins d'eau possible; versez-les dans un tonneau dans lequel vous aurez mis auparavant trois veltes d'eau-de-vie à vingt et un degrés trois quarts; brassez bien la liqueur et versez-y quatre brocs (ou huit veltes) de Saint-Gilles; mêlez bien le tout et laissez reposer deux ou trois jours : alors versez le mélange dans une pièce de vin de Saint-Gilles ou de Roussillon de cinquante-cinq à soixante veltes, qui est la dose d'eau-de-vie que le commerce emploie ordinairement pour viner une pareille quantité de vin ; mêlez bien ; collez, si vous le voulez, avec six blancs d'œufs, et au bout de quelques jours votre vin n'aura aucun goût ni aucune odeur d'eau-de-vie; il sera pareil à un vin de même qualité, viné depuis six mois ; il aura en outre un goût sucré fort agréable, et qui plaît beaucoup aux marchands de vins : ils désignent ce goût sous le nom de *liqueur*, ou vin *liquoreux*, et l'emploient, dans leurs mélanges, à masquer l'acide tartarique que contiennent leurs autres vins.

On peut encore traiter le vin de manière qu'en augmentant son volume d'un tiers, c'est-à-dire de deux pièces en faire trois, on lui donne la même bonté et le même degré de force : on choisit pour cela un vin dur et acerbe, chargé en couleur.

On prend quatre livres de sucre brut qu'on fait dissoudre ; on met cette dissolution sur le feu, et lorsqu'elle a levé quelques bouillons, on la jette dans un vase quelconque où on a mis une velte de trois-six à trente-trois degrés ; on laisse reposer deux ou trois jours ; d'un autre côté, on met neuf veltes d'eau dans un tonneau avec une demi-livre de tartre en poudre ; on verse le mélange d'eau-de-vie et de sucre dans l'eau que contient le tonneau ; on le roule, afin de mêler la liqueur, et trois ou quatre jours après on soutire dix veltes d'une pièce de vin de la contenance de trente veltes, sur laquelle on veut faire l'opération, et on les remplace par le mélange d'eau-de-vie, de sucre et d'eau que l'on a préparé ; on mêle ; on colle la pièce de vin ainsi traitée avec quatre blancs d'œufs bien battus ; on soutire deux ou trois jours après, et on a un vin, moins coloré, à la vérité, qu'il ne l'était avant l'opération, inconvénient auquel on peut aisément remédier, en ajoutant, avant de coller ce vin, quelques litres de notre vin de sureau : on a un vin , disons-nous, fort bon, infiniment plus agréable et de meilleur goût que celui avec lequel on a opéré, et d'une force au moins égale, parce que les vins ordinaires, tels que ceux de la Basse-Bourgogne, du Cher, de la Touraine, des petits crus de Bordeaux, de l'Orléanais et de plusieurs autres pays, ne contiennent et ne donnent, par la distillation, que trois veltes environ par pièce d'alcool à trente-quatre degrés, c'est-à-dire un dixième.

Dans l'opération que nous venons de décrire, nous mêlons neuf parties d'eau à une velte de trois-six; ce qui met cette eau au même degré de force que les vins ordinaires, et en versant ce mélange dans le tonneau d'où nous avons ôté les dix veltes de vin, nous ne faisons que les remplacer par une liqueur ayant la même vinosité. D'un autre côté, par le mélange d'un tiers d'eau, le vin du tonneau perd le tiers de son âcreté et de sa verdeur; le sucre que nous employons forme, avec l'acide tartarique et l'acidule qui se trouvent en excès dans le vin, une espèce de limonade, et donnent un moelleux et un goût extrêmement agréables, au lieu de dur et acerbe qu'était le vin avant l'opération.

Nous avons employé une velte de trois-six, qui, au prix moyen, rendue dans Paris, peut coûter douze francs, et quatre livres de sucre brut d'une valeur d'environ trois francs, qui, joints aux douze francs, valeur de la velte de trois-six, forment un total de quinze francs; supposons que la pièce de vin ait coûté, droits payés et rendue dans Paris, cent quarante francs : nous en avons employé deux tiers pour faire notre opération, représentant la valeur de quatre-vingt-quinze francs, qui, joints aux quinze francs pour la velte de trois-six et des quatre livres de sucre, forment un total de cent dix francs, prix auquel nous revient la pièce de vin confectionnée comme nous l'avons dit : nous avons donc, par cette opération, en augmentant la bonté du vin, en lui enlevant son goût acerbe et désagréable, un bénéfice certain de trente francs par pièce.

On peut se servir, pour faire ces vins, de trois-six, de fécule de pomme de terre bien rectifiée, dépouillée de tout goût d'empyreume, qui revient infiniment à meilleur marché que l'esprit de vin, et qui fait un aussi bon effet pour faire les vins ordinaires que l'alcool le plus pur. On peut traiter, par ce moyen, les bons vins de Bourgogne, tout en augmentant leur volume.

On prendra, à cette fin, un vin de Bourgogne de bonne qualité; on préparera neuf veltes d'eau, dans lesquelles on aura fait dissoudre un sirop composé de quatre livres de sucre saturé; on ajoutera une velte et un quart de trois-six de première qualité; on brassera bien; on jettera dans le mélange trois onces d'amandes douces, une demi-once d'amandes amères; on laissera infuser pendant trois à quatre jours; on pourra mettre un litre ou deux de vin de sureau dans le mélange. On mettra cette liqueur dans un tonneau contenant vingt veltes de vin de Bourgogne; on collera; on laissera reposer pendant sept à huit jours; on soutirera, et on aura un excellent vin. Si le vin de Bourgogne sur lequel on opérera, n'est point un peu âcre ou acide, on fera bien de faire dissoudre dans le mélange d'esprit de vin, d'eau, etc., une livre de crême de tartre, qui relèvera la saveur du vin.

On pourra traiter de la même manière les vins de Bordeaux; mais il faudra avoir l'attention de mettre une demi-once d'iris de Florence par pièce, qui donnera une odeur et un goût de framboise que ces vins ont toujours; on pourra ajouter un peu d'oxide de fer, suivant le plus ou moins d'âcreté qu'auront les vins sur lesquels on opérera.

CHAPITRE XV.

De la Conservation des vins et de la manière de les soigner.

La bonté du vin dépend non-seulement des moyens qu'on a employés pour obtenir une bonne fermentation, il s'établit encore dans les tonneaux, suivant la quantité des principes sucrés qu'il contient et la température plus ou moins élevée, une nouvelle fermentation, qui achève la décomposition du sucre tenu en dissolution par le vin, et qui le change en alcool, de manière que le vin en devient plus spiritueux; il se dépose en même temps sur les parois intérieures du tonneau une certaine quantité de tartre et de lie que le vin ne peut plus tenir en dissolution ni en suspension, tant qu'il existe du principe sucré dans le vin. On peut, sans inconvénient, laisser aller la fermentation, le vin n'en deviendra que meilleur;

mais lorsque le principe sucré est entièrement décomposé, il faut de suite arrêter la fermentation; collez et soutirez, afin de séparer le vin de la lie, pour lui enlever tout le ferment qu'il pourrait encore contenir : sans quoi, le vin passerait à l'aigre dans peu de temps. Pour éviter cet inconvénient, on pourrait y ajouter quatre à cinq livres de sucre par tonneau; on empêcherait par là le vin de passer à l'acescence, et on le rendrait plus fort et de meilleure qualité.

Quand le vin contient une grande quantité de matière sucrée, il faut tenir les tonneaux pleins et légèrement fermés; mais si le vin est peu sucré, il faut tenir les tonneaux pleins à trois pouces et bien bouchés.

Dans le premier cas, le liquide diminue de volume à mesure que la fermentation s'achève; il faut avoir soin de remplir avec de nouveau vin, afin de tenir les tonneaux toujours pleins;

il est encore nécessaire que le vin avec lequel on remplit, soit au même degré de fermentation et de même nature que possible, afin de ne point changer l'ordre de fermentation qui s'est établi dans les tonneaux, qui ne pourrait être interrompu sans nuire à la qualité du vin.

Lorsque la fermentation spiritueuse est finie, il faut prendre le plus grand soin pour empêcher la fermentation acéteuse de se développer; car jamais le principe constituant du vin ne reste inactif : il tend constamment à former de nouvelles combinaisons qui tôt ou tard font dégénérer le vin. Les moyens mis en usage pour empêcher ou retarder cette destruction, se réduisent en soutirage, en collage et en soufrage.

Le soutirage des vins se fait, suivant le pays, à diverses époques. On doit soutirer les vins faibles le plus tôt possible, quand leur fermentation est achevée; les vins médiocres, au printemps, et les plus forts peuvent l'être pendant l'été; cependant l'expérience a prouvé qu'on doit soutirer le vin avant chaque équinoxe; on doit encore soutirer les vins chaque fois qu'on est obligé de les déplacer : car quand même on les aurait déjà soutirés plusieurs fois, ils pourraient avoir fait un nouveau dépôt, qui, mêlé avec le vin, en altérerait la limpidité et le gout; d'ailleurs les vins bien soutirés se conservent mieux, et soutiennent le transport avec plus de facilité que les autres; les vins qui ne sont point clairs après le soutirage, qui tiennent en suspension de la lie extrêmement divisée, doivent être collés et soutirés de nouveau quelques jours après. Les moyens les plus ordinaires pour faire cette opération sont la colle de poisson et le blanc d'œuf. On déroule la colle de poisson, on la coupe par morceaux et on la met tremper dans un peu d'eau; elle se gonfle, se ramollit et forme une masse gluante, qu'on bat et qu'on verse dans le tonneau; une demi-once de colle de poisson suffit pour une pièce de vin; on mêle fortement le vin avec un bâton fendu par un bout, et on peut soutirer quatre ou cinq jours après.

Deux ou trois blancs d'œufs suffisent pour coller un hectolitre de vin; on les délaye dans un peu de vin où d'eau; on les bat bien, et on les verse dans la pièce de vin, qu'on agite fortement avec un bâton fendu, et dans quelques endroits avec une chaîne : cette colle clarifie très-vite les vins et très-bien.

On colle encore avec du sang de mouton des vins qui se clarifient très-difficilement; mais quand on l'emploie pour les vins rouges, il détruit une partie de la couleur, et forme un dépôt extrêmement volumineux, qui occasionne un déchet considérable pour le marchand de vin; on emploie encore sous le nom de *poudre jullienne*, une substance qui n'est rien autre chose que du sang desséché; elle ne fait, comme le sang de mouton, qu'un mauvais emploi, et qui communique souvent au vin une odeur infecte, capable de causer de grands dommages au propriétaire. On doit rejeter ces préparations défectueuses, qui ne peuvent que nuire à la bonne qualité des vins. Nous conseillons donc de se borner à coller exclusivement avec la colle de poisson et le blanc d'œufs les vins que l'on voudra soutirer, parce qu'on sera toujours sûr d'atteindre le but qu'on se propose, la parfaite limpidité du vin.

On nomme *vin muté*, *soufré* ou *méché*, celui qui a été imprégné d'acide sulfureux, obtenu par la combustion de mèches soufrées.

Ces mèches consistent en une bande de toile d'un pouce et demi de largeur et de sept pouces de longueur, que l'on trempe dans du soufre fondu; pour qu'elles en soient bien chargées, on ajoute souvent au soufre fondu des aromates, tels que des poudres de girofle, de cannelle, d'iris de Florence, etc.; on en fait aussi qu'on recouvre de fleurs de violette, ce sont les plus estimés. La combustion des mèches se fait à l'aide d'un instrument qu'on nomme *méchoir*, composé d'un morceau de bois d'un pied et demi de long, garni d'un fil de fer recourbé à son extrémité en forme de crochet. On fait un petit trou à la mèche; on la fait entrer dans le crochet, et on l'introduit dans le tonneau et la mèche s'y trouve suspendue, parce que le manche de bois ne peut entrer dans le tonneau.

On allume la mèche avant de l'introduire dans le tonneau; elle continue de brûler à l'aide de l'air que contient le tonneau, et qui est détruit en partie au fur et à mesure que la mèche brûle; le reste se dégage, parce que l'acide sulfureux, étant plus pesant que l'air atmosphérique, reste dans le fond du tonneau et finit par le remplir, si on emploie assez de mèches.

Cette opération a pour but d'enlever tout l'oxigène que contient le tonneau et même le vin qu'on y met, parce que l'on sait que c'est l'oxigène qui fait passer le vin à la fermentation acétique (ou vinaigre.)

Quand on veut arrêter la fermentation des vins nouveaux on les mute : on prend, à cette fin, une mèche enflammée, on la met dans un tonneau. Lorsque la combustion est complète, on met deux ou trois brocs de vin dans la futaille; on agite fortement en tous sens; on brûle une nouvelle mèche dans le tonneau; on remplit de nouveau, et on continue de la même manière jusqu'à ce que la pièce soit remplie. Cette manière s'appelle *muter*.

Lorsqu'on soutire du vin vieux, il suffit de brûler un morceau de mèche dans le tonneau qu'on veut remplir; mais quand le vin a un mauvais goût et qu'on veut le lui enlever, il faut le mécher sur le vin. Le soufrage le rend trouble et ternit sa couleur; mais il se rétablit peu de jours après. On a cependant remarqué que cette opération détruisait une certaine portion de la matière colorante du vin.

CHAPITRE XVI.

Du Mélange des vins.

L'assortiment des raisins bien entendu est, sans contredit, le meilleur moyen pour obtenir un mélange parfait; mais les marchands en gros et en détail n'ont point ce moyen en leur pouvoir; ils achètent leurs vins en pièces, et ne peuvent par conséquent en opérer le mélange qu'après la fermentation.

On ne doit jamais, ou que très-rarement, mêler le vin de première qualité, hormis le cas où il tournerait à l'aigre : alors il faut le mêler avec un quart environ de vin de même cru, qui soit un peu ferme, on masque par ce moyen ses défauts ; mais il faut le boire dans le courant de l'année : sans quoi, on serait encore obligé de le renouveler, et il finirait par se détériorer entièrement.

Il est de l'intérêt du propriétaire de mêler les vins légèrement altérés, afin de pouvoir les conserver plus long-temps et d'en opérer la vente.

L'art de couper les vins, de les corriger l'un par l'autre, est fort difficile : c'est toujours l'œil, le goût et l'odorat qu'il faut consulter ; nous ne pouvons donc que donner ici un aperçu général.

Le vin du Midi, chargé et épais, mêlé avec du vin blanc provenant d'un sol léger et craïeux, prend une couleur vive et brillante, et il en résulte un fort bon vin. Souvent les vins ordinaires ont une verdeur et un goût de terroir ; on y mêle du vin blanc, franc de goût et un peu doux, et on en fait un fort bon vin. Il est plusieurs circonstances où le mélange devient nécessaire ; il contribue souvent à l'amélioration des vins, en leur donnant le nerf et la force qui leur manquaient pour supporter le transport à de grandes distances : c'est ce qui arrive aux vins de Thorins dans le Mâconnais, qu'on mêle avec le vin de Chénas ou de Romanège ; la Chartose, département des Landes, fournit des vins légers et fort agréables qu'on estime beaucoup dans le Nord : mais ils ne supportent point le voyage, si on ne les coupe avec du vin de Madiran, département des Pyrénées, qui a plus de corps et plus de force.

Les vins d'une mauvaise année doivent être mêles avec les vins d'une bonne récolte, pour les vendre. Souvent les vins blancs tournent au jaune, on est obligé de les passer sur des vins rouges très-colorés ; ceux-ci n'en deviennent que plus agréables et meilleurs.

Jamais les vins de Champagne ne réunissent les qualités qu'on leur recherche lorsqu'ils sont le produit d'une seule vigne ; ils moussent trop ou trop peu ; ils sont trop verts ou trop doux, pas assez corpsés, ou trop spiritueux : c'est de l'assortiment des raisins bien entendu que naît leur perfection.

Les proportions adoptées pour faire les mélanges doivent varier suivant les goûts des consommateurs ; ceux que l'on prépare pour l'Angleterre ne sont pas les mêmes que ceux qu'on expédie en Russie et en Allemagne.

Les vins de première qualité de Bordeaux que l'on boit en France ne sont point travaillés, tandis que ceux qu'on expédie en Angleterre doivent être travaillés, pour être vendus avec avantage ; on les mêle avec une certaine quantité d'alcool et de vins muets ; ils subissent une seconde fermentation, qui leur donne des qualités nouvelles et sur-tout beaucoup de force, qui plaît aux Anglais, habitués à boire beaucoup de liqueurs fortes.

Les Bordelais corrigent souvent l'apreté de leurs vins rouges avec le vin de l'Ermitage, département de la Drôme, et les colorent avec ceux de Cahors, département du Lot, ceux du Gard et de l'Hérault. Lorsque ces vins sont nouveaux, il s'établit, aussitôt le mélange fait, une fermentation assez vive qui se termine par la fusion complète de ces différens vins, auxquels on donne alors le nom de *Médoc*.

Les marchands de vins en détail de Paris ne vendent jamais pur ce qu'ils nomment leur vin de comptoir ; il est plus ou moins mélangé avec des vins du Midi, suivant le goût des consommateurs, et le quartier de cette grande ville. Cette méthode a commencé depuis la paix : alors le vin du Midi a pu faire une partie du trajet par mer, et par conséquent les frais de transport ont considérablement diminué. Les années 1816 et 1817 ont singulièrement contribué à l'emploi de ces vins : dans ces deux années malheureuses, où la récolte doit être comptée pour rien, on s'est servi des vins du Midi pour adoucir les vins des autres crus, et insensiblement les artisans et les ouvriers de la capitale s'y sont habitués, de manière qu'ils préfèrent aujourd'hui un vin épais et capiteux à un vin léger et agréable. L'emploi des vins du Midi est aussi introduit en Champagne et dans plusieurs autres pays. On doit cependant regarder cette manière comme un grand mal, car tous les mélanges où entre le vin du Midi donnent aux buveurs de grands maux de tête, et peuvent causer aux personnes qui n'y sont pas habituées, diverses maladies. D'ailleurs les ouvriers qui boivent habituellement ces vins sont la moitié du temps dans un état d'ivresse, qui les abrutit et leur donne un caractère farouche, et qui blesse la morale publique. D'un autre côté, nos précieux vignobles de la Bourgogne sont dans un état de dépérissement, parce qu'ils ne trouvent plus de débouchés pour leurs vins; ce qui peut être par la suite un grand mal pour la réputation de nos vins et le commerce en général.

On emploie beaucoup de vin du Cher pour la consommation de Paris, surtout pour faire entrer dans les mélanges des marchands de vins en détail : on prend, par exemple, une pièce de vin du Cher, une pièce Marseille, une pièce vin blanc de Bordeaux; on ajoute trois brocs ou six veltes de Roussillon; on mêle et on colle le tout. On a un vin de comptoir de première qualité.

Pour faire un vin de moindre qualité, on met une pièce Touraine ou un muid de petit Bourgogne avec trois brocs de Saint-Gilles; on colle et on a un vin de deuxième qualité; mais il arrive souvent que les marchands en détail font, avec la première qualité, trois espèces de vin : si, par exemple, cette première qualité est vendue seize sous le litre, ils ajoutent un huitième d'eau par litre, ce qui met leur vin à quatorze sous le litre, et ils ajoutent le quart d'eau pour faire du vin à douze sous le litre.

De cette manière le consommateur, en achetant du vin à douze sous le litre, a pour bénéfice l'eau que le marchand de vin y a mise et qu'il ne paye point. Les marchands en détail de Paris se servent souvent, pour faire le vin qu'ils vendent en bouteille, de vin du Cher ou de Bourgogne, mêlé avec le quart de vin blanc, deux ou trois brocs de Tavel par pièce et un broc de Roussillon vieux ; ce qui fait un vin fort spiritueux et assez agréable. Les vins blancs de Vauvray sont très-recherchés pour vendre en détail à Paris ; on les emploie quelquefois seuls, mais plus souvent mêlés avec le vin blanc de Bordeaux ou le vin d'Anjou, qui est fort agréable lorsqu'il n'a point de goût de terroir, qu'on appelle *tuve*.

On fortifie toujours les vins par un ou deux brocs de picardant par pièce ou de picpoule, qui sont des vins blancs très-capiteux et qui donnent un fort bon goût.

On peut fortifier les vins rouges et les vins blancs par d'autres moyens, comme nous l'avons dit, par une dissolution de sucre et de crême de tartre mêlée avec l'alcool, qui, en leur donnant beaucoup de force, détruit l'âpreté et la verdeur des vins. On doit se servir pour les vins blancs de sucre blanc, afin de ne point les colorer.

Le vin blanc, lorsqu'il est long-temps en vidange, sur-tout celui de Bordeaux, est sujet à jaunir; on peut lui enlever cette couleur en jetant dans une pièce de ce vin un ou deux litres de lait chaud. Au bout de quelques jours, il est parfaitement clarifié et totalement dépouillé de la teinte jaune qu'il avait. On trouve dans le commerce un vin connu sous le nom de

Bergerac, très-liquoreux, qu'on fait souvent servir dans les mélanges, en raison de la grande quantité de sucre qu'il contient.

On peut en faire de pareil en faisant fondre dix livres de sucre dans le moins d'eau possible, en versant cette dissolution dans cinq litres d'eau-de-vie; laissez refroidir le mélange, et jetez-le dans une pièce de vin blanc de Bordeaux.

Le vin ainsi préparé est très-utile pour adoucir les vins blancs qui sont durs et acerbes, leur donner du corps et les rendre agréables.

Mais de tous les mélanges, les plus avantageux sont ceux que l'on peut faire avec nos vins factices, sur-tout avec celui de fécule de pomme de terre, dont nous avons donné la composition. Une pièce de vin du Cher, une pièce de vin de fécule de pomme de terre, quatre brocs de Roussillon, six brocs de vin blanc de Vauvray ou d'Anjou, deux de Cahors, mêlés ensemble et collés convenablement, donnent un vin excellent, d'une couleur superbe, extrêmement agréable, qui peut servir à la vente en détail et qui revient à fort bon marché : car, en comptant la pièce de vin du Cher cent cinquante francs, rendue dans Paris; notre pièce de vin factice, seize francs; les quatre brocs de Roussillon, quarante francs; six brocs de vin blanc, trente francs; et les deux de Cahors, dix-huit francs : le tout formera un total de deux cent cinquante-quatre francs, et on aura pour cela quatre-vingt-dix veltes de vin, qui, comptées au prix du vin du Cher, rendu dans Paris, représenteront une valeur de trois cent soixante francs; ce qui donnera un bénéfice de cent dix francs, tout en obtenant un vin de comptoir d'un goût excellent et de première qualité.

On pourra le faire entrer dans tous les autres mélanges de vins propres à vendre au comptoir : on obtiendra toujours un fort bon vin par son mélange. On peut aussi le couper avec du vin blanc, suivant l'exigence des cas et la force des vins qu'on veut obtenir : par exemple, quatre brocs de notre vin, quatre de Vauvray, deux de Bordeaux blanc, un de picardant, un de picpoule, mêlés ensemble et collés, donnent un vin blanc de comptoir de première qualité. Les vins blancs d'Anjou, d'Orléans, de Bourgogne, dans lesquels on mêle, par pièce, un quart, un tiers ou moitié, en ajoutant au mélange, suivant le besoin, deux ou trois veltes de picpoule ou de picardant ou de tout autre vin blanc fort et de bon goût, donnent un vin moelleux, spiritueux, qui plaît beaucoup au buveur. On peut aussi se servir des vins blancs de Bordeaux, d'Entre-deux-Mers et autres semblables. On doit mêler ces vins avec moitié au moins de nos vins factices, et leur ajouter un vin agréable, tel que Vauvray ou Anjou, et lorsqu'on opère sur des vins un peu âcres ou verts, il faut y ajouter, afin de les rendre plus agréables, deux livres de sucre réduit à l'état de sirop, ou une certaine quantité de vin liquoreux ou sucré, tels que ceux de Bergerac, qui, en donnant aux vins le moelleux et le goût agréable qu'on y recherche, les fortifient par la grande quantité d'alcool qu'ils contiennent.

De tous les mélanges et moyens que nous avons donnés ci-dessus, les marchands de vins en gros peuvent, avec un peu de discernement, améliorer les diverses espèces de vins durs, acerbes, ou défectueux, suivant les années qui les ont produits, qui souvent surchargent leurs magasins et dont ils ne peuvent se défaire, à cause de leur mauvaise qualité.

Les marchands de vins en détail de Paris se serviront de notre méthode pour marier, bonifier et mettre au goût des buveurs de la capitale les vins qu'ils débitent, qui, trop souvent, sont de mauvaise qualité, désagréables au goût et même nuisibles à la santé, à cause du défaut de connaissances des marchands de vins en détail.

CHAPITRE XVII.

Des Altérations et de la Dégénération des vins.

Les vins sont sujets à diverses altérations, telles que la graisse, l'amertume et la destruction de la matière colorante, le goût d'évent, de moisi et de fût.

La graisse se remarque principalement dans les vins faibles ou délicats. On doit, aussitôt que les vins sont attaqués de cette maladie, prendre dix onces de crême de tartre, autant de sucre blanc, deux litres d'eau-de-vie, mettre le tout dans une bouteille, agiter fortement, laisser infuser pendant deux ou trois jours, agiter de nouveau, jeter cette liqueur dans une pièce de vin de la contenance de deux cent trente litres environ; bondonnez le tonneau et roulez-le, afin d'agiter fortement la liqueur; laissez reposer une nuit; collez le lendemain matin avec quatre blancs d'œufs délayés dans une chopine de vin. Lorsque votre colle est versée, fixez la bonde sur le tonneau et agitez fortement; remettez votre tonneau en place, avec l'attention de percer une des douves supérieures avec un foret, afin de lui donner assez d'air pour que la colle puisse se précipiter. Au bout de cinq à six jours, vous pourrez soutirer votre vin ; il sera parfaitement clair, limpide et entièrement dégraissé.

Il est encore d'autres méthodes, mais elles sont moins bonnes : comme celles de passer le vin sur de la lie fraîche, de le coller et de le muter ensuite, de l'exposer à une température plus chaude.

On peut encore enlever la graisse des vins, en mêlant deux ou trois onces d'acide sulfurique par pièce, et en saturant ensuite cet acide par de la chaux ou de la craie.

En général, cette maladie des vins exige peu de remèdes ; le vin se rétablit souvent en très-peu de temps. Le vin blanc tourne plus facilement à la graisse, sur-tout lorsque l'année a été pluvieuse et l'automne humide, enfin lorsque les vins contiennent peu d'alcool. Quand la graisse se manifeste, le vin file comme de l'huile. En le laissant sur place, cette maladie se passe après la première ou la deuxième sève suivante.

Cette maladie se manifeste quelquefois pendant le fermentation, ce qui se reconnaît à la diminution du mouvement du moût ou à l'absence totale de fermentation. Pour remédier à cet inconvénient, on doit jeter dans le moût, par chaque deux cent trente litres, dix onces de sucre en poudre, un litre d'eau-de-vie et dix onces de crême de tartre; agitez fortement le mélange : quelques heures après, la fermentation se rétablit.

Les vins les moins spiritueux sont les plus sujets à filer, ceux dont la fermentation a été mal faite, et ceux qui n'ont pas été parfaitement clarifiés.

On peut toujours remédier à cette maladie, en ajoutant à ces vins une matière sucrée, qui, en occasionnant une nouvelle fermentation, leur donne plus de force et les guérit radicalement.

De l'Acescence spontanée du vin.

Cette altération est très-commune. Les vins faibles tournent plus vite à l'aigre que les vins chargés de beaucoup d'alcool ou de matière sucrée. Cette maladie ne se rétablit point d'elle-même, et il est même fort difficile d'arrêter complétement la fermentation acétique. Pour arrêter ces effets, il faut enlever, le plus qu'il est possible, l'oxigène que pourrait contenir la liqueur, ou du moins lui en faire éviter le contact. A cette fin, on transvase le vin dans un tonneau rempli de gaz acide sulfureux, au moyen des mèches indiquées page 182. Placez le tonneau dans un local plus froid que celui où il était.

On peut encore faire passer le vin sur la vendange, après avoir décuvé : ce moyen remet presque le vin dans son état naturel. On emploie encore plusieurs autres ingrédiens, tels que de la réglisse, du sucre, du lait ; mais tous ces moyens ne servent qu'à masquer l'acide acétique et non à le décomposer. On réussit assez bien à détruire le goût d'aigre ou d'acide acétique, en saturant cet acide par de la chaux ou de la craie, en collant, et après avoir soutiré le vin, on y ajoute quinze livres de sucre par pièce de la contenance de deux cent trente litres ; on met le vin à une température de quinze ou seize degrés. On fait fermenter pendant quatre à cinq jours, et on met la pièce de vin dans un lieu frais. Trois ou quatre mois après, on le met en bouteilles et il est assez bon.

On pourrait désoxigéner par des moyens chimiques l'acide acétique que contiennent les vins; mais il serait trop difficile de le faire sans attaquer les principes constituans du vin, tels que la matière colorante, qui serait détruite, ainsi que l'acidule tartarique. Comme ce moyen ne peut être utile au commerce, nous n'en donnerons pas ici la description.

L'amertume est encore une maladie à laquelle les vins sont sujets, et plus particulièrement les vins de bonne qualité. Ils contractent ce goût en vieillissant, et il est fort difficile de leur rendre leur première qualité; ils restent souvent clairs pendant le cours de la maladie; on les rétablit en les passant sur de la lie nouvelle, ou en les mêlant avec des vins nouveaux de même cru; mais ils perdent leur délicatesse, et ne sont plus que des vins fort médiocres. On réussit quelquefois à les guérir, en les collant et en les laissant reposer pendant un mois, en les soutirant dans un tonneau nouvellement vide de bon vin. On peut encore, pour atteindre le même but, brûler dans un tonneau un demi-litre d'alcool, ensuite une mèche soufrée, et puis soutirer le vin. Si ces moyens ont produit un bon effet, on pourra espérer de détruire l'amertume en les répétant plusieurs fois.

Les vins, en vieillissant, perdent leur couleur, d'autant plus qu'ils en sont plus chargés, ils n'en deviennent que meilleurs; mais souvent il arrive que c'est une nouvelle fermentation qui en est la cause: les vins rouges deviennent noirs, et les blancs d'un jaune livide, leur goût est alors très-désagréable; il faut de suite en tirer quelques bouteilles, et donner de l'air en débondonnant la pièce. On soutire ce vin dans un tonneau bien soufré, et on le met dans un lieu frais; quelques personnes mettent de la glace dans les tonneaux ; on le soutire de nouveau avec l'attention de soufrer bien la futaille dans laquelle on le transvase. Si c'est en hiver, par un temps très-froid, on peut exposer ce vin à la gelée, la partie aqueuse se gèle ; on soutire et on a un vin infiniment plus spiritueux. Quand on n'a point l'attention de bien boucher le tonneau, le vin prend un goût nommé *piqué* ou *d'évent*. Le vin, dans cet état, a perdu son bouquet; il est trouble et rempli de filamens blancs. Si le goût d'évent n'est point très-prononcé, on peut y remédier, sur-tout quand le vin a du corps et de la force, en le transvasant dans un tonneau rempli de vapeurs de mèches soufrées (acide sulfureux). On remplit bien exactement les tonneaux ; on les bouche bien ; on les met dans un lieu frais ; quinze ou vingt jours après, on colle et on soutire de nouveau. On peut encore guérir cette maladie, en jetant dans le tonneau de la lie provenant des vins nouveaux, ou en y mêlant deux ou trois onces de chaux, qui satureront l'acide acétique qui commence à se former dans les vins, et qui est la cause principale de cette maladie.

Le vin contracte souvent un goût de moisi, soit lorsqu'on s'est servi d'un mauvais tonneau, ou qu'on ait employé pour coller le vin un œuf pourri, ou que le tonneau dans lequel on l'a transvasé ait contenu quelques matières qui y ont séjourné long-temps, et ont entré en fermentation putride. Ces tonneaux sont alors remplis de gaz azote, et les mèches soufrées n'y brûlent point. Ces causes peuvent donner aux vins le goût de moisi ou de fût, ainsi que quelques raisins pourris qu'on n'a pas eu la précaution d'ôter avant le foulage. Ces goûts sont difficiles à détruire, et il ne faut jamais mêler ces vins avec d'autres, car ils leur communiqueraient leurs mauvaises qualités.

On emploie, pour ôter ce goût, divers moyens, tels que le collage, le soutirage dans un tonneau vide de bon vin, bien méché; on met encore dans chaque pièce une livre et demie de froment brûlé comme du café, suspendue dans un petit sac de toile; on soutire vingt-quatre heures après dans un tonneau bien méché.

Quelques personnes emploient encore par pièce deux ou trois onces de noyaux de pêche pilés, qu'elles laissent infuser pendant quinze jours; d'autres conseillent l'emploi du charbon de hêtre, ou d'une certaine quantité de nèfles coupées en quatre; mais un moyen qui n'est point mis en usage et qui nous a toujours constamment réussi, est de jeter, par pièce de vin de deux cent trente litres environ, une livre et demie de noir animal, de bien mêler et de soutirer dans un tonneau méché convenablement; si le goût de fût ou de moisi n'est point totalement détruit, on remettra une livre de noir animal dans les tonneaux et on opérera, du reste, comme la première fois ; on collera et on soutirera de nouveau, et on aura un vin aussi parfait qu'on peut le désirer.

Des Vins qui déposent.

La presque totalité des vins, en vieillissant, déposent du tartre contre les parois intérieures des tonneaux ; ils forment encore un autre dépôt infiniment plus léger, qui reste suspendu dans la partie inférieure des tonneaux; c'est du parenchyme ou matière ligneuse, provenant de la grappe et de la pellicule des raisins.

Le tartre peut servir, comme nous l'avons dit, pour la confection de nos vins, ou pour faire l'acide tartarique. La matière ligneuse ou lie peut être employée, en la brûlant, à faire la potasse, comme nous le dirons en son lieu;

on en retire aussi, par la distillation, de l'acool, nommé *eau-de-vie de marc*.

Le tartre déposé au fond des tonneaux ne communique aucun goût mauvais à la liqueur; au contraire, il conserve plus long-temps les vins; mais les dépôts ligneux qui sont mêlés à une certaine quantité de matière végétale et animale, finiraient par détruire le vin, si on les laissait séjourner long-temps sur ce dépôt. On évite cet inconvénient en le soutirant à propos. Lorsqu'il est en bouteilles, il faut le transvaser avec précaution; il faut même une certaine habitude pour le faire convenablement, c'est-à-dire sans mêler le depôt avec le vin.

CHAPITRE XVIII.

De la Conservation des raisins.

On conserve le raisin de diverses manières sur la vigne : dans des sacs de papier, ou après avoir tordu la grappe, suspendu en l'air, ou couché sur de la paille ; enfin le but est de lui enlever une certaine portion de l'eau qu'il contient : les principes constituans du vin se trouvent par là plus rapprochés, et le raisin peut se conserver plus long-temps. Sans cette précaution, et si on n'a pas employé tous les moyens nécessaires pour faire évaporer l'eau surabondante du raisin, il se conserve fort peu de temps, se couvre de moisissure, et finit par se pourrir.

On emploie divers moyens pour le conserver : entre autres, prenez une futaille neuve, faites-la bien cercler, et vous la tiendrez dans un lieu bien sec ; mettez au fond et sur les côtés de votre futaille du son de froment que vous aurez bien fait sécher au feu ; mettez un lit de raisin sur le son et un lit de son sur le raisin ; continuez ainsi jusqu'à ce que le tonneau soit plein ; fermez alors votre tonneau de manière que l'air ne puisse y pénétrer. Ces raisins peuvent se conserver un an, de manière que, sept à huit mois après, ils paraissent encore aussi frais que si on venait de les cueillir. On peut remplacer le son par de la cendre lavée et bien séchée, qu'on nomme *charrée*. On emploie aussi quelquefois de la même manière le millet bien sec, ou la sciure de bois bien séchée.

On conserve encore le raisin, en le suspendant dans de petites caisses garnies de bâtons ou de ficelles auxquelles on les attache, et qu'on recouvre de cendre ou de sable sec.

On fait un fort grand commerce des raisins secs. Les moyens qu'on emploie pour les sécher tiennent en grande partie à la nature du climat. Dans les pays très-chauds, on n'a besoin que de tordre la grappe sur le cep, jusqu'à ce qu'une partie de l'eau de végétation que contient le raisin soit évaporée : alors il se déforme; on le cueille et on achève sa dessication, soit en l'exposant aux rayons ardens du soleil sur des claies, ou en le suspendant dans un lieu aéré où on a ménagé des courans d'air.

On emploie encore, pour sécher les raisins, une lessive de cendre à dix ou douze degrés du pèse-sel, qu'on fait bouillir, dans laquelle on plonge les grappes de raisin, qui ont été préalablement purgées de tous grains pourris, et on les retire quand le grain est ridé. On expose les raisins ainsi préparés sur des claies à l'ardeur du soleil, pendant dix ou quinze jours.

Il nous vient beaucoup de raisins secs de l'étranger : les raisins de Calabre sont très-doux, mais noirâtres; ceux d'Espagne sont de fort bonne qualité, mais ils ne se gardent pas long-temps. Les raisins de Damas se conservent long-temps et ont un goût exquis. Les raisins des îles de Zante et de Lipari, connus sous le nom de Corinthe, sont les meilleurs; ils ont un goût délicieux et une odeur de violette.

Le raisin contient beaucoup de sucre qu'on peut extraire de son moût. On sature à cet effet du moût de raisin non fermenté, afin de décomposer le tartre qu'il contient; il se forme un précipité de tartrite de chaux; on filtre la liqueur, et on y ajoute dix livres de noir animal par deux cents litres de moût de raisin; on fait bouillir de nouveau; on filtre; on remet la liqueur sur le feu, en ajoutant quelques blancs d'œufs que l'on bat bien; on fait bouillir, et on enlève l'écume au fur et à mesure qu'elle se forme; on continue l'évaporation de la liqueur, jusqu'à ce qu'elle marque cinquante-cinq degrés au pèse-sel; on la décante et on la porte dans un lieu frais : au bout de quelques jours de repos, on trouve le sucre cristallisé sur les parois du vase, à l'état de moscouade ou cassonnade.

Ce sucre peut servir avantageusement, 1°. dans l'économie domestique, et il est précieux lorsqu'il a été bien préparé, et qu'on ne lui a pas laissé contracter un goût d'empyreume;

2°. Pour donner au moût du raisin, dans les mauvaises années, la matière sucrée que la chaleur n'a pu y développer, et faire par ce moyen un vin de première qualité, comme celui des meilleures années.

Ce sucre ou ce sirop peut encore servir à préparer des confitures et les diverses espèces de raisinés de première qualité, et dans une foule d'objets de cette nature.

Des Raisinés.

On fait deux espèces de raisinés, qui sont généralement connus sous le nom de *raisiné du Nord* et du *raisiné du Midi*. Ce dernier se fait en prenant douze litres de moût qu'on met dans une bassine et qu'on fait bouillir; on verse par petites portions douze autres litres de moût dans la bassine au fur et à mesure que l'ébullition s'avance; lorsqu'ils sont entièrement consommés, on passe la liqueur à travers un linge très-serré; on la remet sur le feu; on continue de faire évaporer, jusqu'à ce que l'on voie qu'en en laissant refroidir une goutte, elle est à l'état de sirop épais.

Quand on emploie du moût de raisin du Nord, qui est plus acerbe, et qui contient moins de sucre que celui du Midi, il faut le faire bouillir, afin de le réduire aux deux tiers de son volume par l'évaporation; le mettre reposer dans un lieu frais pendant deux ou trois jours: il se formera à sa surface une pellicule qui ne sera rien autre chose que du tartre cristallisé; on enlève cette pellicule, et on passe à travers un linge; on remet la liqueur sur le feu, et on procède du reste comme pour le raisiné du Midi.

On compose encore du raisiné du Midi, en faisant réduire du moût par l'évaporation à la moitié de son volume, en l'écumant avec soin, en le passant à travers une toile, en versant ce moût sur des pommes ou des poires épluchées, fruits qu'on a soin de choisir un peu durs et acerbes, afin de donner du goût à cette espèce de confiture ; on remet la bassine sur un feu doux ; on mêle continuellement : le moût pénètre les fruits, de manière qu'il finit par ne former avec eux qu'une marmelade, qu'on connaît sous le nom de *raisiné du Midi*.

On fait aussi un raisiné du Nord ; mais il faut, avant de mêler le moût du raisin avec les fruits, le débarrasser autant que possible du tartre qu'il contient, et opérer du reste comme pour les raisinés du Midi.

Si on mêlait au moût du raisin du Nord du sirop de raisin, ou du sucre de raisin, dont nous avons donné la composition plus haut, ou même du sucre brut, il serait alors inutile de débarrasser le moût du tartre qu'il contient, parce que ce tartre, se trouvant mêlé avec le sucre, servirait à en relever le goût, et à faire une confiture extrêmement agréable et meilleure que celles qui sont connues sous le nom de *raisiné*.

Le raisiné des départemens de l'Yonne et de la Côte-d'Or est fort bon et très-agréable; celui du Midi est très-doux, et celui du Nord est souvent trop acide. On pourrait neutraliser l'acide du moût de raisin du Nord par de la craie ou de la chaux, avant de le faire bouillir : il serait alors beaucoup plus doux et plus sucré. Il faut, dans ce cas, avoir l'attention de le passer à travers un linge très-serré, afin de le débarrasser du tartrite de chaux qu'il contient. Il nous est impossible de donner ici les proportions de chaux ou de craie que l'on doit employer, parce que nous ne pouvons savoir les quantités de tartre et d'acide tartarique que contiendront les moûts de raisins sur lesquels on opérera; d'ailleurs, en jetant la chaux en poudre par petites portions dans le moût, il sera bien facile de s'arrêter lorsqu'on le trouvera assez doux.

CHAPITRE XIX.

De l'Examen chimique des vins.

L'examen des vins par la dégustation ne peut que donner des présomptions, auxquelles on ne doit jamais s'arrêter. Lorsqu'on les soupçonne d'être falsifiés, on doit dans ce cas employer des moyens chimiques, sans quoi il est impossible de séparer et de reconnaître les corps étrangers qu'on a introduits dans les vins. Les instrumens de physique, tels que l'œnomètre ou oinomètre et l'aréomètre, malgré tout ce que certains auteurs ont pu dire dans ces derniers temps, ne pourront jamais servir à déterminer les degrés de force des vins, parce que l'alcool qu'ils contiennent, est mêlé à une plus ou moins grande quantité de tartre ou de matière sucrée, qui donne aux vins plus ou moins de densité, de manière qu'un vin qui contient une grande quantité d'alcool, mêlé à une grande quantité de tartre et de matière sucrée, marquera zéro aux instrumens de physique; tandis qu'un vin contenant une petite quantité d'alcool, très-peu de tartre, marquera quelques degrés aux mêmes instrumens. Dans d'autres circonstances, lorsque les vins contiennent une grande quantité d'acide carbonique, ils sont infiniment plus légers, et paraisssent par conséquent, en se servant de l'œnomètre pour déterminer leur degré de force, beaucoup plus spiritueux qu'ils ne le sont réellement.

Chaque fois que l'on voudra déterminer exactement le degré de force des vins, il faudra avoir recours à la distillation, qui donnera la juste quantité d'alcool qu'ils contiennent. Cette opération est nécessaire lorsque l'on destine le vin à faire du vinaigre; car c'est du degré de force, c'est-à-dire, du plus ou moins d'alcool que contient le vin, que dépend la bonté du vinaigre qui en provient; car plus le vin est généreux, plus le vinaigre est bon.

On doit encore savoir la quantité d'alcool que contient le vin lorsqu'on veut en retirer de l'eau-de-vie.

On peut faire ces essais avec de petits alambics destinés à cet usage, et dont plusieurs auteurs ont donné la description, que je crois inutile de répéter ici.

D'ailleurs, on peut faire ces essais dans une bouteille ordinaire, qu'on placera dans une marmite remplie d'eau ; on assujettira la bouteille avec quelques pierres, afin qu'elle soit bien fixée ; on mettra l'appareil ainsi préparé sur le feu ; on versera dans la bouteille un poids déterminé de vin ou une mesure bien connue; on adaptera à la bouteille un tube de verre, qui se rendra dans une bouteille vide, qu'on aura placée dans de l'eau froide ; on fera bouillir l'eau de la marmite dans laquelle on a placé la bouteille, et sitôt que le vin qui est contenu dans la bouteille sera en ébullition, l'eau-de-vie montera et se rendra dans la seconde bouteille. Cette opération ne doit durer, du moment que le vin entre en ébullition, qu'une demi-heure ; on délute alors, et on pèse le degré de l'eau-de-vie contenue dans la bouteille. On peut, par ce moyen, déterminer comparativement la force de toutes les espèces de vins que l'on voudra acheter, ou que l'on destinera à faire du vinaigre ou de l'eau-de-vie.

Mais pour connaître si les vins sont falsifiés, on doit employer des réactifs : par leur moyen, on reconnaît les diverses espèces de drogues qu'on a mêlées avec le vin, et on peut les en séparer comme nous le montrerons plus bas.

La potasse oxigène en liqueur, versée dans du vin étendu d'eau distillée, ne change point sa couleur si elle est naturelle; mais si elle est factice, elle devient pourpre à l'instant même.

Du vin mêlé à une dissolution d'alun (sulfate d'alumine), dans laquelle on verse quelques gouttes d'une dissolution de potasse, si c'est du vin de Bourgogne qu'on a employé, il se formera à l'instant même un précipité d'un vert-bouteille clair.

Les vins de Languedoc et de Rousillon, traités par le même moyen, donnent un précipité d'un vert foncé.

Les vins des environs de Paris donnent un précipité d'un vert tirant sur le gris.

Les vins colorés avec le tournesol en drapeau donnent un précipité d'un violet clair.

Ceux colorés par les baies d'hièble, de troêne donnent un précipité d'un violet bleuâtre. Le précipité des vins colorés par l'airelle est couleur de lie sale.

Ceux colorés par le bois des Indes donnent un précipité prune-monsieur; par le bois de Fernanbouc, le précipité est de couleur de laque rouge.

Chaque fois qu'une dissolution d'alun sera mêlée avec du vin, qu'on y versera de la dissolution de potasse, et que le précipité qui en résultera ne sera point couleur de vert-bouteille, sera en droit d'en conclure que la couleur du vin est factice, et on pourra, suivant la diverse nuance des précipités obtenus par les moyens que nous avons indiqués, déterminer l'espèce de substance qu'on a employée pour colorer les vins.

Les marchands de vins emploient souvent de la chaux pour saturer l'acide acétique (ou vinaigre) que contiennent leurs vins, afin de détruire le goût désagréable que leur donne cet acide; la chaux qu'ils jettent dans le vin forme, avec le vinaigre, un acétate de chaux qui reste en dissolution dans la liqueur: en jetant dans les vins ainsi falsifiés de l'acide oxalique, il se forme un précipité blanc très-volumineux d'oxalate de chaux ; et l'acide acétique, ou vinaigre, qui était combiné avec la chaux reparaît et lui donne un goût et une odeur d'acide acétique qui sont extrêmement faciles à reconnaître. On peut employer, au lieu d'acide oxalique, de l'acide sulfurique, qui se combine avec la chaux et forme aussi un précipité blanc.

Quelquefois, au lieu d'employer la chaux pour saturer l'acide acétique ou vinaigre, on emploie de la potasse : dans ce cas, il faut verser dans le vin de l'acide sulfurique qui, en se combinant avec la potasse, dégage l'acide acétique, qu'on reconnaît à son odeur.

Lorsque l'acide acétique est saturé par de la litharge (ou oxide de plomb), qui reste en dissolution dans le vin et qui lui donne un goût sucré assez agréable, en versant du foie de soufre en liqueur (hydrosulfure de potasse), il se forme un précipité noir; mais comme le vin pourrait contenir du fer au lieu de plomb, et que dans ce cas il se forme aussi un précipité noir, il convient de faire une seconde épreuve, en versant dans un verre de ce vin quelques gouttes d'acide sulfurique : si la liqueur contient du plomb, il s'y formera un précipité blanc de sulfate de plomb.

En employant les divers moyens que nous venons d'indiquer, on pourra toujours reconnaître si les vins sont falsifiés, et quelle matière on a employée pour cela; mais dans le cas où on aurait mêlé avec le vin du cidre ou du poiré, ces moyens sont insuffisans; il faudra, dans ce cas, avoir recours à l'évaporation : on prendra, à cette fin, quatre litres de vin qu'on mettra dans une bassine sur le feu; on fera bouillir jusqu'à évaporation des deux tiers de la liqueur, le vin naturel dans cet état aura une saveur âpre et tartareuse; tandis que le vin mêlé de cidre ou de poiré aura une saveur acide. En continuant de faire évaporer jusqu'à siccité, en mettant le résidu du vin naturel sur des charbons ardens, il exhalera une fumée pénétrante d'une odeur vineuse et désagréable; tandis que celle du vin mêlé avec du poiré ou du cidre aura une odeur de sucre brûlé, qu'avec un peu de discernement on distinguera facilement de celle du vin naturel : d'ailleurs le cidre et le poiré ne contiennent point d'acide tartarique ni d'acidule (ou tartre) : de sorte qu'en jetant de la chaux dans du vin mêlé d'une grande quantité de cidre ou de poiré, elle se combinera avec l'acide malique qu'il contient et restera en dissolution dans la liqueur ; tandis que si le vin est naturel, la chaux se combinera avec l'acide tartarique, ou décomposera le tartre, qui, en se combinant avec son acide, formera un précipité blanc, qui se déposera dans le fond de la liqueur : car le cidre et le poiré ne contiennent pas d'autre acide que l'acide malique, qui a la propriété de former avec la chaux un sel soluble et qui reste dans la liqueur; tandis que l'acide tartarique, soit qu'il soit à nu dans le vin, ou combiné avec la potasse, forme avec la chaux un sel insoluble, qui se précipite à l'instant même sous la forme d'une poudre blanche.

Par ces moyens, il sera facile de reconnaître le mélange de poiré, de cidre et de vin; on pourra même, avec un peu d'habitude, déterminer leurs quantités respectives comparativement au vin qui entre dans le mélange.

CHAPITRE XX.
De l'Eau-de-vie.

Les vins fournissent plus ou moins d'eaux-de-vie de plus ou moins bonne qualité, suivant l'année bonne ou mauvaise et le climat qui les a produites. La qualité des eaux-de-vie dépend de l'espèce de vin, de son âge et de son état de conservation; l'eau-de-vie des vins blancs est généralement plus agréable ; celles extraites des vins tournés, futés ou défectueux ont toujours un mauvais goût ; les meilleures eaux-de-vie nous viennent de Saintonge, de l'Angoumois et de l'Aunis; les eaux-de-vie du Languedoc sont assez bonnes, mais elles ont un goût âcre.

Presque toutes les eaux-de-vie qu'on trouve dans le commerce sous le nom d'*eau-de-vie d'Andaye*, sont falsifiées; celles qu'on tire directement d'Andaye, bourg du département des Basses-Pyrénées, est renommée à cause de sa vieillesse et de l'odeur de fenouil qu'on lui trouve. On peut imiter cette odeur en mêlant, par litre de vieille eau-de-vie de Cognac, un seizième de sirop de sucre et un peu d'huile essentielle d'anis.

L'eau-de-vie appelée *fenouillette*, qui nous vient de l'île de Ré, a été aromatisée dans cette île en jetant dans la chaudière, par deux cent quarante litres de vin, une poignée de graines de fenouil concassées.

Un vin très-spiritueux fournit à-peu-près le tiers de son volume d'eau-de-vie. En Languedoc, le produit est du quart. Les vins de Bordeaux fournissent un cinquième, ceux d'Orléans n'en donnent qu'un huitième.

On fait encore en Bourgogne des eaux-de-vie avec les marcs du raisin. Cette eau-de-vie a toujours un goût d'empyreume, causé par une certaine quantité de marc ou de lie qui s'est attachée aux parois intérieures de l'alambic, et qui a été en partie décomposée par le calorique, de manière qu'il s'en est dégagé une certaine quantité d'huile empyreumatique, qui, par la distillation, s'est mêlée à l'eau-de-vie et lui a donné le goût d'empyreume qu'on lui connaît. On peut remédier à ce défaut et enlever l'odeur et le goût d'empyreume en redistillant de nouveau cette eau-de-vie et en ajoutant, par chaque hectolitre, avant de mettre l'eau-de-vie dans l'alambic, une livre d'acide sulfurique concentré et deux onces de manganèse en poudre : on aura alors une eau-de-vie fort bonne, qui n'aura plus ni odeur ni goût désagréables.

C'est sur-tout pour la distillation qu'il est utile d'avoir un vin exempt de tout mauvais goût et contenant une grande quantité d'alcool. En faisant usage des moyens que nous avons indiqués pour obtenir des vins de première qualité, on aura des vins propres, sous tous les rapports, à donner un bon résultat par la distillation, puisqu'ils contiennent une grande quantité d'alcool, qui les aura préservés, soit de passer à l'aigre ou de contracter d'autres maladies semblables : car on sait que des vins défectueux ne peuvent jamais donner une eau-de-vie d'un goût et d'une saveur agréables ; tandis que des vins dont on aura eu le soin de mettre toutes les parties constituantes en équilibre et dont la fermentation aura été bien faite, ne pourront donner que des eaux-de-vie d'une qualité supérieure.

Dans ces derniers temps, on a inventé de nouveaux appareils pour la distillation de l'eau-de-vie ; ils consistent à profiter de la différence existante entre les degrés qui condensent la vapeur d'eau et celui qui condense celle de l'alcool, pour séparer l'un de ces produits de l'autre.

C'est ce qu'Adam a fait avec ses œufs, Bernard avec son cylindre, Baglioni avec son cône.

Tous ces appareils distillatoires, qui sont basés sur la pesanteur spécifique de l'eau et de l'alcool, ont en quelque sorte atteint le but désiré, quoiqu'ils soient de beaucoup trop compliqués ; mais comme ils sont basés sur des principes positifs, la pesanteur spécifique de l'alcool et de l'eau, et la propriété qu'a le calorique de tenir en dissolution l'eau et l'alcool, suivant le degré de température respective de chacun de ces deux corps, on doit croire que dans peu d'années les appareils distillatoires auront atteint leur perfection.

La couleur de l'eau-de-vie est naturellement blanche; mais elle dissout la partie extractive de la futaille dans laquelle on l'enferme pour la conserver, et elle devient d'une couleur ombrée. Autrefois, on la colorait avec du safran ou avec du terra-merita, maintenant on emploie généralement le caramel, sur-tout pour colorer les eaux-de-vie communes faites avec le trois-six, ou alcool à trente-trois degrés, qu'on réduit avec de l'eau à dix-huit ou vingt degrés, et dont il se fait un débit immense, quoiqu'elle ne puisse être comparée en aucune manière, pour la bonté, la suavité, aux eaux-de-vie naturelles, telles, par exemple, qu'à celles de Cognac.

La pesanteur spécifique des eaux-de-vie se reconnaissait autrefois par le nombre des bulles qu'elles montraient après avoir été agitées dans une bouteille, et suivant le temps qu'elles demeuraient à la surface de la liqueur sans se briser : c'est ce qu'on nommait *chapelet*.

On regardait encore l'esprit-de-vin comme étant de première qualité, lorsque, après en avoir mouillé une certaine quantité de poudre à canon, et y mettant le feu, l'alcool finissant de brûler, la poudre à canon s'enflammait. Aujourd'hui, on n'emploie plus ces moyens, parce qu'on les a reconnus inexacts et fautifs. On se sert du pèse-liqueur ou aréomètre. On doit consulter la température de l'atmosphère, parce qu'on a remarqué que l'alcool et l'eau-de-vie ont plus ou moins de densité, suivant le degré de chaleur. Si le thermomètre marque dix degrés de température, étant plongé dans l'eau distillée, tous les degrés de plus que marquera l'aréomètre qu'on plongera dans l'alcool seront des quantités réelles d'alcool existant dans la liqueur; mais lorsque la température est à douze degrés, et que l'aréomètre plongé dans l'eau-de-vie donne vingt-deux degrés, il faudra déduire un huitième de degré par chaque degré au-dessous de la température de dix, de manière que cette eau-de-vie n'aura réellement que vingt et un degrés trois quarts.

En hiver, lorsque le froid rend la liqueur plus dense, cette même eau-de-vie, à huit degrés de température, ne marque, à l'aréomètre, que vingt et un degrés quatre huitièmes.

La marche de l'aréomètre n'est point la même pour le trois-six; elle est à-peu-près d'un degré de différence pour l'alcool à trente-trois ou trente-quatre degrés. On comprendra mieux cette marche par le petit tableau ci-joint.

Aréomètre...	22	Aréomètre...	34 6/8
Thermomètre.	12	Thermomètre.	16
Titre......	21 3/4	Titre......	33 6/8
Aréomètre...	21 2/8	Aréomètre...	32 2/8
Thermomètre	6	Thermomètre.	7
Titre......	21 6/8	Titre......	32 6/8
		ou	32 3/4

Il existe des aréomètres auxquels on a adapté un thermomètre avec une échelle qui montre les degrés de l'eau-de-vie et du trois-six, suivant les diverses températures. Il est très en usage dans le midi.

L'eau-de-vie la plus en usage dans le commerce doit avoir vingt et un degrés trois quarts ; à trente degrés, elle porte le nom d'esprit de vin ou d'alcool. Dans le commerce, on distingue les eaux-de-vie à l'aréomètre-étalon de Cartier :

En preuve de Hollande, celle qui a $18° \frac{1}{2}$ à $19° \frac{1}{2}$.

— Cinq-six, celle qui a $22° \frac{1}{4}$ à $22° \frac{1}{2}$.

— Preuve d'huile, — $22° \frac{1}{2}$ à $22° \frac{3}{4}$.

— Quatre-cinq,   —   22° $\frac{3}{4}$ à 23°.
— Deux-trois,   —   23° à 23° $\frac{2}{1}$.
— Trois-quatre,   —   24° à 24° $\frac{1}{2}$.
— Trois-cinq,   —   29° $\frac{4}{8}$ à 29° $\frac{6}{8}$.
— Quatre-sept,   —   29° $\frac{6}{8}$.
— Cinq-neuf,   —   30° $\frac{2}{8}$ à 30° $\frac{6}{8}$.
— Six-onze,   —   31° $\frac{4}{8}$ à 32°.
— Trois-six,   —   33° à 33° $\frac{4}{8}$.
— Trois-sept,   —   35° à 36°.
— Trois-huit,   —   37° à 37° $\frac{1}{2}$.
— Trois-neuf,   —   44° à 42°.

Il y a deux manières de distiller, celle à feu nu et celle au bain-marie, qui est la meilleure, parce qu'on obtient toujours, par ce moyen, une eau-de-vie infiniment plus agréable, exempte de goût de feu ou d'empyreume ; on peut encore distiller par l'entremise de la vapeur ; mais on emploie très-peu ce moyen, parce que jusqu'aujourd'hui on n'a pas encore fait, dans ce genre, des appareils qui puissent remplacer les anciens avec avantage ; il serait pourtant bien à souhaiter que cette méthode pût devenir générale, on n'aurait plus alors que des eaux-de-vie de la dernière pureté, qui en augmentant la réputation que cette liqueur a déjà chez les étrangers, en accroîtrait la consommation, de manière que notre sol n'en deviendrait que plus riche.

Il faut, pour obtenir de bonnes eaux-de-vie, avoir la précaution de bien nettoyer l'alambic, sans quoi il arrive souvent qu'il s'y forme une croûte de matières grasses et ligneuses, qui, en empêchant le métal d'être en contact immédiat avec le liquide qu'il contient, le calcine et le brûle ; la matière grasse qui s'y est attachée, se décompose et donne une huile volatile, qui monte avec l'eau-de-vie et lui donne un goût d'empyreume extrêmement désagréable, semblable à celui des eaux-de-vie de marc.

On doit remplir l'alambic aux trois quarts, afin qu'il reste un vide suffisant pour que la liqueur contenue dans la cucurbite, n'en puisse dépasser les bords. D'ailleurs l'expérience fait connaître, suivant la dimension des alambics, jusqu'à quelle hauteur on doit les remplir de liquide ; mais le moyen le plus certain est de placer un robinet à la hauteur où l'on veut faire arriver le liquide, en le laissant ouvert.

Lorsqu'on charge, on cesse de remplir quand on voit que le vin coule par ce robinet ; un autre avantage que ce robinet procure, c'est de laisser échapper l'air qu'il contient, au fur et à mesure que l'alambic se remplit, et de laisser pénétrer l'air dans l'intérieur lorsqu'on en a extrait le résidu de la distillation. On évite par ce moyen le vide qui se forme dans l'appareil par le changement subit de température, qui, quelquefois occasionne la destruction des alambics ; sitôt que la chaudière est chargée, on place le bassin pour recevoir le produit ; on lute avec soin toutes les jointures du chapiteau et du serpentin ; on allume le feu, et dès que la chaleur commence à pénétrer le liquide, l'air que contenait l'alambic se dégage, bientôt la distillation s'établit ; il passe une eau-de-vie extrêmement faible, d'un goût et d'une saveur désagréables; on la met à part pour la distiller une seconde fois; on reconnaît, au pèse-liqueur, même au goût et à l'odorat, lorsque l'eau-de-vie qui succède est bonne ; on la nomme eau-de-vie première ; elle est très-élevée en degrés ; celle qui vient ensuite est chargée d'une plus grande quantité d'eau, on la nomme *eau-de-vie seconde;* on la recueille séparément ; on nomme cette opération, en termes de l'art, *coupé à la serpentine*. Pour obtenir une grande quantité de bonne eau-de-vie, il faut bien ménager le feu et l'entretenir constamment au même degré de chaleur. Lorsque la bonne eau-de-vie commence à paraître, l'eau-de-vie est d'autant plus faible, que la distillation est plus avancée ; il arrive une époque où la liqueur qui coule ne contient plus d'alcool : on doit alors arrêter la distillation, éteindre le feu, et laisser couler la vinace en ouvrant la doule inférieure.

Suivant la bonté des vins, on obtient plus ou moins d'eau-de-vie de bonne ou de mauvaise qualité. Il y a des vins, tels que ceux de la Charente, qui donnent un cinquième de leur volume d'eau-de-vie première qualité et un peu plus de la seconde ; tandis que d'autres ne nous en donnent qu'un dixième au lieu d'un cinquième. On rectifie l'eau-de-vie seconde en la distillant de nouveau, afin de lui enlever l'eau surabondante qu'elle contient, et la mettre au degré de l'eau-de-vie de la première distillation ; lorsque l'eau-de-vie est extraite, on la met dans des tonneaux ; elle agit sur le bois et elle dissout la matière extractive qu'il contient, qui lui donne une couleur jaunâtre l'eau-de-vie perd aussi une certaine partie de sa force en se combinant avec l'eau et les autres principes que le bois contient : on ne remédie à cet inconvénient qu'en préparant le tonneau avec de l'eau-de-vie commune, ou en donnant à l'eau-de-vie qu'on veut y mettre deux degrés de plus qu'à celle du commerce.

L'esprit de vin dissout les matières extractives et colorantes, les huiles essentielles, les camphres, les résines et la plupart des sels ; il brûle avec une flamme blanche tirant sur le bleu ; il noircit les corps blancs ; il sert aux pharmaciens, aux liquoristes, aux parfumeurs, aux fabricans de vernis ; il dissout la potasse caustique ainsi que le sucre ; il sert enfin dans une foule d'arts. L'eau-de-vie n'est qu'une liqueur de table que tout le monde connaît.

CHAPITRE XXI.

Des Liqueurs.

On fait avec de l'eau-de-vie diverses espèces de liqueurs : nous ne parlerons ici que de celles que les marchands de vins en détail de Paris ont l'habitude de vendre.

Du Cassis.

On peut faire le cassis de deux manières :

1°. Prenez six livres de cassis bien mûr, épluchez-le grain à grain, écrasez-le dans une grande terrine, mettez les grains ainsi écrasés dans une cruche, ajoutez-y neuf pintes de bonne eau-de-vie, et quatre livres de sucre en poudre, trois ou quatre clous de girofle, un quart d'once de cannelle; exposez votre cassis dans un lieu chaud, d'une température de vingt à vingt-deux degrés, ou au soleil pendant six semaines à deux mois;

après quoi, passez-le par une chausse de laine, et vous aurez une liqueur superbe, tant pour la couleur que pour le velouté et le moelleux d'un goût délicieux; mais pour qu'elle soit parfaite, il faut qu'elle ait quatre ou cinq ans de vieillesse, elle aura alors un goût semblable au vin de *Rota*.

Le second moyen, qui n'est point mis en usage, et qui est sous tous les rapports infiniment meilleur, consiste à prendre cinquante livres de cassis bien mûr, à l'écraser dans un baquet. On met le cassis ainsi préparé dans une cruche, ou dans un petit tonneau. Au bout de quelques heures, la fermentation s'établit, et lorsqu'elle a parcouru toutes les périodes, on ajoute deux litres de trois-six, et huit livres de sucre brut; on brasse la liqueur, et on la laisse reposer pendant quinze jours; on soutire, on filtre, et on a alors une liqueur parfaite qui participe de la nature des vins de première qualité, qui possède un goût excellent et une couleur magnifique.

Ratafia d'Anis.

On prend une demi-livre de graines d'anis, une once de graines de coriandre, deux gros de cannelle, un gros de macis; mettez le tout infuser dans neuf pintes d'eau-de-vie; ajoutez-y quatre livres de sucre en poudre; laissez infuser le tout pendant un mois; vous y ajouterez, si vous le voulez, une pinte d'eau, afin que la liqueur ne soit pas trop spiritueuse, suivant la qualité de l'eau-de-vie que vous aurez employée.

On peut encore faire de l'anisette aussi bonne que cette première, en mêlant à une bouteille d'eau-de-vie cinq à six gouttes d'huile essentielle d'anis. On fait d'un autre côté un sirop, de six onces de sucre blanc, qu'on mêle à l'eau-de-vie aromatisée ; on filtre à travers un papier gris, et on a une liqueur d'aussi bonne qualité que la première, qui donne moins d'embarras pour la préparation, et qui revient à fort bon marché.

Du Noyau.

Lorsque les abricots ont atteint leur point de maturité, remplissez aux deux tiers des noyaux de ces fruits une cruche ou autre vase quelconque. Il faut employer les noyaux au sortir du fruit sans en ôter les bois; remplissez la cruche d'eau-de-vie, bouchez-la exactement, et exposez-la au soleil pendant deux mois. Ce terme expiré, passez votre infusion à travers un tamis, pour en séparer les noyaux, que vous jetterez comme inutiles; remettez votre infusion dans la cruche, et ajoutez-y six onces de sucre par pinte, que vous aurez préalablement fait dissoudre dans l'eau et mis à l'état de sirop; remuez bien votre cruche; laissez-la reposer trois ou quatre jours; filtrez, comme nous l'avons dit, à travers un papier gris, et vous aurez une liqueur parfaite, ayant le goût et l'arôme de l'abricot, que le bois de noyau lui a communiqués.

Absinthe.

Prenez un litre d'eau-de-vie, mettez-y infuser pendant quatre ou cinq jours un quart d'once d'absinthe, un quart d'once de graines d'anis, et une pincée de graines de coriandre ; passez alors votre infusion, et ajoutez-y deux onces de sucre blanc à l'état de sirop : vous aurez alors en filtrant cette liqueur l'absinthe blanche ordinaire ; mais si vous voulez qu'elle soit verte comme celle de Suisse, vous ajouterez quelques gouttes de bleu en liqueur, que vendent les épiciers et les droguistes, et qui n'est rien autre chose qu'une dissolution d'indigo par l'acide sulfurique, et dont on a eu la précaution de saturer cet acide par de la craie ou de la chaux, afin de la séparer de la dissolution. En employant les moyens que nous venons d'indiquer, on aura une absinthe blanche, ou d'un vert aussi beau qu'on puisse le désirer.

Fleur d'Orange.

Prenez trois livres de fleurs d'orange, mondez-les en séparant les étamines et les pistils; mettez en infusion les pétales seulement dans dix pintes d'eau-de-vie; faites durer l'infusion pendant un mois, distillez alors au bain-marie; lorsque vous aurez retiré six pintes de liqueur, vous verserez de nouveau ce premier produit dans la cucurbite; continuez la distillation : quand vous aurez de nouveau retiré cinq pintes, et que vous verrez que la liqueur blanchit, il sera temps de finir la distillation; faites alors un sirop avec six livres de sucre, quatre pintes d'eau de fleur d'orange double; versez ce sirop dans le produit de votre distillation : il faut que la masse totale de la liqueur ainsi préparée, en y comprenant le sirop à ajouter, représente douze pintes; filtrez à travers un papier gris : vous aurez alors une liqueur de première qualité et de toute bonté.

Eau de Fleurs d'orange sans distillation.

Prenez quatre litres de trois-six ou esprit de vin à trente-trois degrés, un litre d'eau de fleur d'orange, mêlez-le avec votre esprit-de-vin ; faites fondre dans un litre d'eau deux ou trois litres de sucre, suivant que vous voulez faire la liqueur plus ou moins sucrée ; mettez votre sirop dans le mélange d'esprit de vin et d'eau de fleur d'orange; filtrez, et vous aurez une liqueur presque aussi bonne que la première, et que vous pouvez faire en deux ou trois heures de temps, et sans appareils distillatoires, qui embarrassent toujours les personnes qui ne sont pas habituées à de pareilles opérations. C'est pourquoi, en donnant la description et les procédés pour les faire, nous nous sommes attachés à donner les moyens les plus simples et les plus faciles possible, de manière à pouvoir être exécutés par les personnes qui n'ont aucune connaissance de l'art du distillateur. Notre but étant de rendre nos moyens et nos procédés utiles à tous.

CHAPITRE XXII.

De l'Acide acétique ou Vinaigre.

Trois causes sont nécessaires pour que la formation de cet acide ait lieu : l'existence d'une matière muqueuse, ou du mucilage et du tartre ; une chaleur de dix-huit à vingt-cinq degrés, la présence du gaz oxigène, ou le contact de l'air.

On peut faire du vinaigre avec toutes les espèces de vins, et ils sont d'autant meilleurs et plus forts, que les vins qui les ont produits contenaient plus d'alcool.

On fait aussi du vinaigre avec du cidre, du poiré et de la bière; enfin, avec toutes les liqueurs fermentées, de telle nature qu'elles puissent être. On a même trouvé, dans ces derniers temps, le moyen de faire du vinaigre avec du bois. Cet acide porte alors le nom d'*acide pyroligneux*.

Les gommes, les mucilages, les fécules, ainsi que plusieurs matières animales, peuvent, étant convenablement traitées, donner aussi du vinaigre; mais en général c'est le vin de raisin que l'on emploie en France pour faire cette liqueur acide.

Les conditions essentielles pour faire de bon vinaigre sont, de prendre des vins de bonne qualité, d'employer de préférence le vin d'un an environ, ou nouveau, afin que le sucre qu'il pourrait contenir soit entièrement décomposé. On peut employer pour faire ce qu'on nomme, en termes de l'art, *mère des vinaigres*, des vins durs et acerbes, qui contiennent beaucoup d'acide tartarique; les lies des anciens vinaigres, le tartre rouge et blanc, le sarment de vigne, et la rafle des grappes de raisin.

Il faut aussi avoir l'attention de mettre en contact autant que possible le vin qu'on veut acidifier avec l'air, afin qu'il puisse s'oxigéner.

Quand on veut faire du vinaigre, il faut, autant que possible, ne se servir que des tonneaux dans lesquels on a déjà fait du vinaigre, ou il faut en faire de neufs, qu'on abreuve de bon vinaigre; on place ces tonneaux les uns sur les autres, de manière à en faire trois rangées. Les tonneaux qu'on nomme *mère de lie*, ont un trou de deux pouces de diamètre environ, qu'on laisse ouvert à la partie supérieure des tonneaux, et qui sert à les mettre continuellement en contact avec l'air atmosphérique, et à dégager la surface du liquide de l'acide carbonique qui surnage.

Lorsque les tonneaux sont ainsi préparés, et qu'on a eu le soin de bien les imbiber de vinaigre, on verse dans chacun d'eux cent pintes de moût bouillant; au bout de huit à dix jours, on jette dans chaque tonneau dix pintes de vin, et on continue ainsi de huit jours en huit jours, jusqu'à ce que le tonneau soit plein. Quinze à dix-huit jours après le remplissage total, le vinaigre est fait et propre à être remis au commerce.

On ne doit jamais vider en entier les tonneaux, mais les laisser toujours à moitié pleins, afin de pouvoir toujours refaire avec promptitude de nouveau vinaigre. On juge si le vinaigre se fait bien, en plongeant une douve dans l'un des tonneaux : on aperçoit une ligne blanche à la partie supérieure de la douve qui a été submergée; la ligne est d'autant plus large que la fermentation se fait mieux. Il faut, autant que possible, employer pour cette opération du vin bien clarifié.

Les tonneaux disposés comme il a

été dit, on les remplit jusqu'au tiers de bon vinaigre; on les remplit ensuite avec du vin, tantôt chaud, tantôt froid, suivant l'état de vigueur de la mère-lie. Si la fermentation se fait bien, il ne faut que dix-huit jours pour que le vin soit complétement converti en vinaigre. On vide les tonneaux jusqu'à la moitié et quelquefois jusqu'aux deux tiers, et on les recharge de nouveau vin, et on continue ainsi de suite.

On peut encore, pour l'économie du ménage, faire du vinaigre fort bon et à très-bon marché. On prend à cette fin un baril de bon vinaigre, de la contenance de trente à quarante litres; on en soutire une ou deux bouteilles pour la consommation de la maison, et on le remplit avec le reste des bouteilles du vin de la table; on bouche légèrement avec du papier, et on le tient à une température de dix-huit à vingt-cinq degrés, soit à la cuisine ou dans un lieu sec. A mesure qu'on en a besoin on en soutire, et on le remplace par du vin : de manière que ce tonneau peut servir pendant plusieurs années à alimenter le ménage de fort bon vinaigre.

Le meilleur vinaigre doit être d'une saveur acide supportable, d'une transparence égale à celle du vin, moins coloré que lui, conservant au reste une sorte de parfum, un montant, qui affectent agréablement les organes : c'est sur-tout en le frottant entre les mains que ce parfum se développe.

Il ne faut que bien peu d'exercice ou d'habitude pour distinguer la force ou la faiblesse du vinaigre; il doit peser cinq à six degrés au pèse-moût. On mêle quelquefois au vinaigre pour le rendre plus fort de l'acide sulfurique : cette fraude est facile à reconnaître, en versant de ce vinaigre sur du papier coloré avec le tournesol. Lorsque le vinaigre est évaporé, si la couleur bleue reparaît, c'est une preuve certaine que le vinaigre ne contient point d'acides minéraux;

mais si au contraire la couleur demeure rouge, c'est que le vinaigre est mêlé avec un acide quelconque. On fait encore tremper dans le vinaigre, pour connaître sa pureté, un morceau de linge; on le fait sécher à une chaleur assez forte : s'il se déchire ensuite avec une grande facilité comme s'il était pourri, c'est une preuve certaine que ce vinaigre contient des acides minéraux.

Depuis plusieurs années, on mêle aux vinaigres, pour les rendre plus forts, de l'acide pyroligneux; cette fraude est fort difficile à reconnaître; d'ailleurs elle n'est point nuisible à la santé. Cependant les personnes qui sont habituées à déguster souvent diverses espèces de vinaigre, peuvent aisément reconnaître quand il est mêlé d'acide pyroligneux, à l'odeur d'acide sulfurique dont il est toujours plus ou moins imprégné, odeur qui lui vient de l'acide sulfurique qu'on a employé à sa confection.

Les vinaigres qui proviennent de vins peu spiritueux sont faibles, et ne se conservent pas long-temps; ils se troublent, se recouvrent d'une pellicule visqueuse, et finissent par entrer en fermentation putride. On parvient à leur donner de la force, soit en les mêlant à un vingtième environ d'acide pyroligneux, ou en les exposant à une température de cinq ou six degrés au-dessous de zéro; l'eau qu'ils contiennent se gèle et passe à l'état de glace, tandis que l'acide demeure liquide, et qu'il acquiert d'autant plus de force, qu'il fait une plus grande quantité de glace. On peut aisément le séparer, par ce moyen, de l'eau qu'il contenait, et qui s'est gelée dans cette opération.

On distille encore dans les arts l'acétate de cuivre, et on obtient de l'acide acétique, qui sert principalement en pharmacie.

Pour conserver le vinaigre, il faut le tenir dans des tonneaux très-propres, constamment pleins et parfaitement bouchés, dans un lieu frais, et à l'abri autant que possible de l'air extérieur.

On peut encore distiller le vinaigre : par ce moyen, on le sépare des matières muqueuses et mucilagineuses qu'il contenait ; mais cette méthode est fort dispendieuse, et donne au vinaigre un petit goût d'empyreume, qu'il conserve fort long-temps, goût qui est fort désagréable.

On peut encore y ajouter de l'alcool : il se conserve alors fort long-temps sans aucune altération ; mais un des moyens le plus simple, est de remplir un certain nombre de bouteilles, qu'on bouche bien et qu'on met dans une chaudière ; on verse de l'eau jusqu'à ce que les bouteilles en soient recouvertes de deux ou trois doigts ; on fait bouillir une demi-heure ; on retire les bouteilles ; et le vinaigre ainsi préparé peut se conserver fort long-temps sans aucune altération.

Le vinaigre est d'un grand usage dans

l'économie domestique; il sert à donner un goût agréable à nos alimens et à la conservation des viandes; on l'emploie encore à faire l'oxide de plomb, connu dans le commerce sous le nom de blanc de céruse, et l'acétate de plomb (ou sel de saturne), qu'on fait en saturant le vinaigre par de l'oxide de plomb : ce sel est d'un grand usage pour la teinture.

CHAPITRE XXIII.

De la Potasse qu'on peut retirer des produits de la vigne.

La vigne est un des végétaux qui donnent le plus d'alcali fixe, ou potasse ; les sarmens, les vieilles souches, ainsi que les mares et les lies de raisin, contiennent une grande quantité de potasse qu'on peut retirer de leurs cendres.

Quand on réfléchit à la quantité énorme des vignes qui décorent le sol français, et qui produisent chaque année, par l'incinération de la grappe, de la pellicule du raisin et du sarment, une masse considérable de cendre, de laquelle on pourrait retirer plus que la quantité nécessaire de potasse à la consommation du royaume, on ne peut qu'être extrêmement étonné de voir que la potasse dont la France a besoin nous vient de l'Allemagne et de l'Amérique; tandis que nous pourrions, avec la dernière facilité, fabriquer la potasse dont nous avons besoin, et même en fournir aux autres Puissances, si nous voulions retirer tout l'alcali que peuvent donner, nous le répétons, chaque année, les produits de la vigne.

Pour faire la potasse on prend la cendre, qu'on met dans un cuvier à double fond, sur lequel on a la précaution de mettre un lit de paille, afin que l'eau en le traversant puisse se clarifier; on remplit le tonneau de cendre, on y verse de l'eau pour qu'elle en soit recouverte d'environ trois doigts; on laisse tremper une nuit : alors on laisse couler la lessive par un robinet qu'on a adapté au bas du tonneau. Lorsqu'on veut opérer en grand, on a plusieurs rangées de tonneaux, de manière qu'on verse l'eau qui provient de la première rangée sur la deuxième, afin d'en augmenter le degré de force ; car si l'eau qui a passé sur la première cendre a dix degrés au pèse-sel, en la faisant passer à travers de nouvelles cendres, elle en aura quinze, c'est-à-dire qu'elle contiendra quinze pour cent d'alcali : il faut continuer de passer l'eau sur de nouvelles cendres, afin d'obtenir le plus haut degré possible ; vous mettrez alors votre lessive dans une chaudière de fer de fonte. On fait évaporer : après que le tiers ou la moitié de la liqueur sera évaporée, la potasse commencera à se précipiter dans le fond de la chaudière ; on pourra l'enlever avec une écumoire, et la mettre à égoutter dans des paniers placés au-dessus de la chaudière. Vous continuerez l'évaporation jusqu'à siccité ; on détache alors la potasse qui s'est attachée aux parois de la chaudière ; on la réunit à celle qu'on a déjà ôtée, et on la concasse grossièrement ; elle porte le nom de *salin ;* on l'emploie dans cet état dans la fabrication du verre commun. Quand on veut la purifier, on la met dans un four à reverbère, fait à-peu-près comme ceux des boulangers, à la réserve que le foyer est placé sur chacun de ses côtés, de manière que la flamme puisse circuler sur la surface de la potasse ; au bout de quelques heures, le charbon, par ce moyen, ainsi que les matières colorantes que contenait la potasse sont brûlés, et la potasse devient d'un bleu bleuâtre, couleur que préfèrent les négocians et les consommateurs. Il faut, dans cette opération, avoir la précaution de n'augmenter le feu que par degrés, et de n'employer autant que possible que du bois qui donne une flamme vive et pure ; il faut aussi prendre garde de faire entrer la potasse en fusion ; car dans ce cas l'opération serait manquée, parce que la potasse perdrait le coup-d'œil qu'on a l'habitude de lui voir dans le commerce, et la vente en serait difficile.

C'est ainsi que l'on prépare la potasse du Rhin, de Dantzick et de Russie. Nous en avons encore une autre espèce, connue dans le commerce sous le nom de *potasse d'Amérique ;* elle est d'un blanc veiné de rouge ; elle est très-caustique. La différence qui existe entre cette potasse et les autres, c'est qu'elle ne contient que peu d'acide carbonique, et qu'au lieu de la calciner dans un four, on la fait fondre. On peut faire de la potasse en tout semblable à celle d'Amérique, avec le salin qu'on retire de la chaudière. On en prend deux cents livres ; au lieu de la faire calciner dans un four, on la met avec cinquante livres de chaux vive en poudre ; on la place dans un tonneau à double fond, recouvert d'un lit de paille; on verse de l'eau sur le mélange; on couvre bien le tonneau; on laisse infuser pendant douze heures; on ouvre le robinet, et on laisse couler la lessive; on verse de nouvelle eau sur le mélange, afin d'enlever l'alcali qu'il pourrait encore contenir, et on laisse couler quelques heures après. On continue ainsi jusqu'à ce que le marc ne contienne plus de potasse; on réunit les liqueurs, et on les met évaporer dans une chaudière de fer. Au fur et à mesure que l'eau s'évapore, la liqueur devient plus dense. Au moment que les dernières portions de l'eau s'échappent, elle se gonfle, se boursouffle. On attend que la fonte soit bien uniforme et tranquille; on la cercle et on la met dans des tonneaux bien fermés, car elle absorbe avec beaucoup d'énergie l'eau que contient l'air atmosphérique, et elle tombe en déliquium.

Lorsqu'elle a été ainsi préparée, elle peut être comparée aux meilleures potasses d'Amérique; elle est supérieure à la plupart de celles qu'on trouve sous ce nom dans le commerce, lesquelles ne sont souvent qu'un mélange de potasse et de sel marin.

Il est aisé de voir, par les moyens que nous venons d'exposer, combien il est facile de faire avec les cendres des sarmens, des vieilles souches, de la pellicule et de la grappe de raisin, de la potasse. Si les vignerons voulaient s'en donner la peine, ils seraient récompensés de leurs travaux par un grand bénéfice, vu sur-tout la grande quantité de potasse que contiennent les cendres de vigne, puisque cinq cents livres de cendres, soit de sarmens ou marc du raisin, donnent cent dix livres de potasse.

Supposons maintenant que chaque vigneron fasse, année commune, quatre mille livres de cendres, il en retirera huit cent quatre-vingts livres de potasse, qui, comptées au prix moyen de cinquante francs les cinquante kilos, lui donnera quatre cent quarante francs, dont les trois quarts au moins de cette somme seront bénéfice.

Nous ne pouvons trop recommander aux vignerons et propriétaires de vignobles de faire de la potasse, pour deux causes principales : d'abord leurs intérêts, et d'une autre part pour empêcher la France de payer plus long-temps un tribut aux étrangers, en allant chercher au loin la potasse qu'elle possède chez elle. Le haut degré des lumières où l'industrie française est parvenue, ne permet pas de négliger plus long-temps une branche aussi importante que la fabrication de la potasse.

FIN.

TARIF

DES FRAIS DUS PAR LES MARCHANDISES MISES EN ENTREPÔT.

Remplage.

	fr.	c.
Pour toutes espèces de pièces.	»	5

Rangeage et Gerbage à l'entrée, Dégerbage et Roulage à la sortie.

	fr.	c.
Pour la feuillette de Basse-Bourgogne.	»	20
La pièce de 27 à 30 veltes.	»	30
La pièce d'Auvergne et le muid de Languedoc de 36 veltes.	»	40
Le demi-muid de Roussillon et de Saint-Gilles, de 45 veltes.	»	50
La pièce de 50 à 60 veltes.	»	60
La pièce de 70 à 80 veltes.	»	80
La pièce de 90 à 100 veltes.	1	»
La pièce d'eau-de-vie de toute jauge.	1	»

Magasinage, par mois.

	fr.	c.
Pour la feuillette de Basse-Bourgogne.	»	30
La pièce de 27 à 30 veltes.	»	40

	f.	c.
La pièce d'Auvergne et le muid de Languedoc de 36 veltes.	»	60
Toute pièce jaugeant au-delà de 36 veltes, 4 deniers par velte en sus; ce qui porte le muid de 36 veltes à. . .	»	60
La pièce d'eau-de-vie de toute jauge. .	1	50

Commission de Vente.

	f.	c.
Pour le muid de Basse-Bourgogne. . . .	2	»
La pièce de 27 à 33 veltes.	2	»
La pièce d'Auvergne.	2	»
Toute espèce de vins fins et autres, d'un prix excédant 100 francs, ainsi que les eaux-de-vie, 2 pour 100 de commission.		
Toutes marchandises de réception et d'expédition paieront demi-commission de vente.		
Commission de *dû-croire* (1) 2 fr. p. 100.		

Courtage.

	f.	c.
Par feuillette.	»	50
Pièce de toute jauge.	1	»
Vin chaud, 2 fr. pour 100.	»	»

---

(1) Ou garantie pour vente à terme.

Soutirage.

	fr.	c.
En magasin, de pièce à pièce	»	40
Aux bateaux	»	50
Par égale division (ou recoupage)	»	60
Rangeage après le soutirage	»	15

Reliage et Racommodage.

	fr.	c.
Pour un cercle de quart ou de feuillette.	»	15
Idem de pièce de 27 à 33 veltes	»	20
Id. de pièce d'Auvergne et de Languedoc.	»	25
Id. de Perpignan et Longuesse	»	30
Id. de pipe de 60 à 100 veltes	»	40

Pour un peigne, le même prix que pour les cercles, suivant la contenance des pièces.

Une ente, un copeau, un joutage. *Idem.*

	fr.	c.
Une douelle coulée	»	75
Une pièce de fond	»	30
Une barre	»	25
Une bonde ou une broche	»	5

TARIF des Droits des Ouvriers des ports de la Rapée et de Paris, pour Chargement et Déchargement des Vins et autres ouvrages y relatifs.

CONTENANCE des PIÈCES.	LEURS DÉNOMINATIONS CONNUES.	Déchargement, Chargement de Bateaux et versemens en mer.	Rangeage dans les bateaux pour en extraire une pièce.	CHARGEMENT DE VOITURES		Déchargement de voitures.	Déchargement de marchandises au *poids*.
				sans bouchons.	avec bouchons.		2 francs les 1000 kil.
		fr. c.	fr. c.	fr. c.	fr. c.	fr. c.	
Au-dessous de 100 lit.	Quarts et barils.	» 10	» 05	» 10	» 15	» 05	
De 101 à 150 litres.	Feuillette Bourgogne.	» 20	» 05	» 20	» 30	» 15	
De 151 à 225 litres.	Renaison, Mâcon, Chablis, etc.	» 35	» 10	» 40	» 60	» 25	
De 226 à 240 litres.	Orléans, Anjou, Blois, etc.	» 40	» 15	» 40	» 60	» 25	
De 241 à 250 litres.	Vauvray, Cher, Touraine, etc.	» 45	» 20	» 50	» 70	» 30	
De 251 à 300 litres.	Auvergne et Languedoc.	» 5	» 40	» 60	» 80	» 35	
De 340 à 500 litres.	De 45 à 50 veltes.	» 80	» 50	» 75	1 »	» 50	
De 501 à 645 litres.	De 65 à 85 veltes.	1 10	» 75	1 75	1 75	» 75	
De 646 et au-dessus.	De 85 et au-dessus.	1 50	» 25	2 »	2 50	» 25	

NOTA. 1°. Dans le prix de déchargement et de chargement de bateaux, est compris le roulage au haut de la berge.
2°. Toute pièce déchargée et rechargée dans le même bateau ne paiera qu'un droit.

Le présent Tarif a été arrêté cejourd'hui devant nous, Maire de la commune de Bercy, entre MM. les Commissaires délégués par le commerce de cette commune et les syndics gérans de la compagnie des dérouleurs attachés au service des ports de Bercy, pour avoir son exécution à partir du 1er décembre prochain. Bercy, le 28 novembre 1820,
Le Maire, signé GALLOIS.

EXPLICATION DES FIGURES.

Planche Ire.

Fig. 1re. **A.** Cette méthode nous vient des anciens Romains ; elle est particulière à la Haute-Italie : elle ne peut convenir qu'à des climats chauds et pour embellir nos jardins.

Fig. 2. **B.** Les marcottes sont des plants enracinés qui servent à former des vignes.

Fig. 3. **C.** Cette méthode est la plus généralement répandue ; dans quelques endroits, les plants sont appuyés par des échalas ; dans d'autres, la vigne est rampante ; quelquefois on tient les ceps très-peu élevés, par ce moyen ils se soutiennent d'eux-mêmes.

Fig. 4. **D.** Cette méthode est très-bonne, parce qu'elle permet aux rayons du soleil de frapper les raisins de toute part ; cette vigne rapporte beaucoup et son raisin mûrit très-vite.

Fig. 5. **E.** Cette méthode expose la plante à l'influence des rayons du soleil ; elle donne une très-grande quantité de raisins, qui mûrissent bien plus vite que par tous les autres moyens de culture.

SALMON, Culture de la vigne.   PL. II.

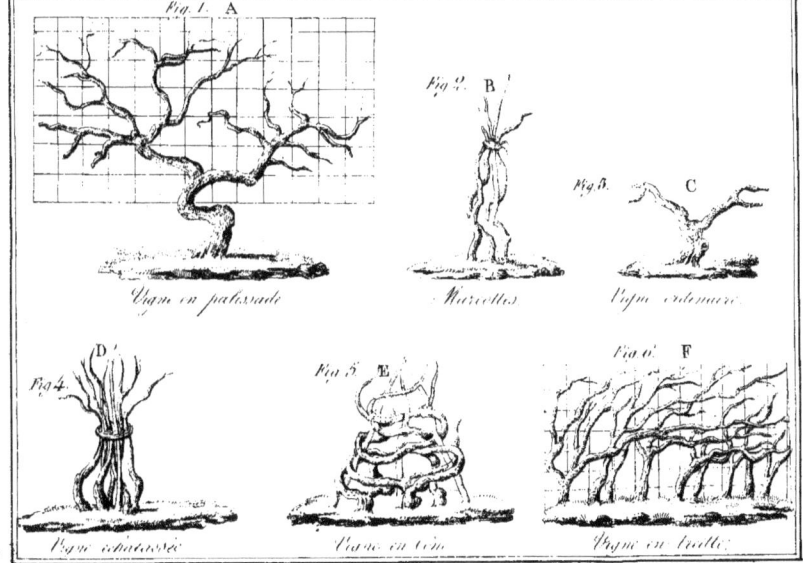

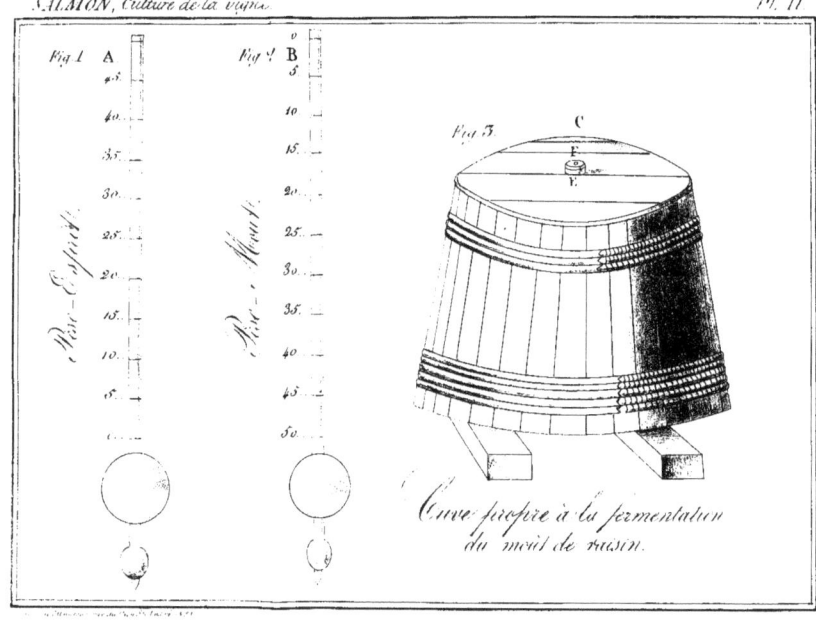

Cuve propre à la fermentation du moût de raisin.

Fig. 6. F. Cette méthode est employée dans les pays froids.

Planche II.

Fig. 1re. A. Instrumens propres à déterminer la pesanteur spécifique des eaux-de-vie et alcools.

Fig. 2. B. Par le moyen du pèse-moût, on pourra toujours, en pesant le jus ou moût du raisin, connaître la qualité du vin qui en proviendra.

Fig. 3. C. Cette figure représente une cuve à fermentation garnie de sa soupape E. Lorsqu'il convient de refouler les vapeurs sur la fermentation, on charge la soupape d'un poids F.

TABLE DES MATIERES

CONTENUES DANS CET OUVRAGE.

	Pag.
Préface.	1
CHAPITRE Ier. — *Histoire de la vigne*.	1
Le Morillon noir.	4
Le Meunier.	Ib.
Le Pineau.	5
Le Gamé.	Ib.
Le petit Gamé.	Ib.
Le Raisin perlé.	6
Le Cornichon violet.	7
Le Griset blanc.	Ib.
Le Morillon blanc.	8
Le Mornain blanc.	9
Le Mêlier blanc.	Ib.
Le Muscat.	Ib.
Le Muscat noir.	10
Le Muscat d'Alexandrie.	11
Le Chasselas.	Ib.
Le Corinthe blanc.	12
Le Corinthe violet.	13
Le Corinthe rouge.	Ib.

DES MATIÈRES.

	Pag.
Le Gouais	13
Le Verjus	14
De quelques variétés de vignes cultivées en France	15
Vigne sauvage la bruche	Ib.
Savinien blanc	Ib.
Rochelle blanche	Ib.
Ramonat	Ib.
Rochelle verte	Ib.
Rochelle blonde	Ib.
Bourguignon blanc	Ib.
Gamé noir	Ib.
Mansard	Ib.
Le Murleau	Ib.
Le Chasselas doré	16
Le Chasselas rouge	Ib.
Muscat violet	Ib.
Muscat d'Alexandrie	Ib.
Raisin de Maroc	Ib.
Raisin de Suisse	Ib.
Des Marcottes plantées en Lorraine	17
Des variétés de vignes qu'on doit planter	19
Du Gamé	Ib.
CHAPITRE II.—*De la Greffe*	20
Du Provignage	27
Du Couchage	30

TABLE

	Pag.
De la Taille.	31
De l'Incision annulaire.	35

CHAPITRE III. — *Des Gelées et Maladies de la Vigne.* 37
De la Grêle. 38
Des Brouillards. 40
De la Pléthore. . . . . *Ib.*
Du Chancre. 42
Des Insectes. 43
Du Hanneton. . . . . *Ib.*
Du Gribouri. 44
Du Charançon. . . . . *Ib.*
De la Pyrale. 45

CHAPITRE IV. — *De l'Exposition de la vigne et de la qualité des terres* . . 46

CHAPITRE V. — *Des diverses Manières de cultiver la vigne.* 50

CHAPITRE VI. — *De la Qualité des raisins.* 61
De l'influence de la chaleur et de l'humidité sur les raisins. . . . . *Ib.*
De la Pesanteur spécifique du moût, suivant l'année qui l'a produit. 63
Des Méthodes à employer pour obtenir de bon vin. . . . . *Ib.*

CHAPITRE VII. — *Foulage des raisins.* 69

CHAPITRE VIII.—*De la Fermentation vineuse.* 79
Moyens de faire de bon vin malgré la mauvaise année. 80
De la Cuve. 81
Comment on doit conduire la fermentation. 82
Manière de traiter le marc. . . . . . . *Ib.*
Bénéfice de l'opération. 84
Préparation pour les vins fins de Bourgogne. 85
Moyens de faire des vins de diverses qualités et leur choix. 87
Moyen de détruire l'acide tartarique qui se trouve en excès dans les vins. . . . 88

CHAPITRE IX. — *Des Vins du Midi.* 94
Des Qualités du vin du Midi. . . . . . *Ib.*
Moyens de faire avec les vins du Midi des vins de Bourgogne. 96
Moyen de traiter le marc pour en retirer de bon vin. 97
Moyen de faire de bon vin de Bordeaux avec les vins du Midi. 99
Moyen de faire du vin de Roussillon et de Saint-Gilles dans tous les pays. . . 103

Manière de viner les vins. 109

CHAPITRE X. — *Manière de faire de bon vin avec des raisins secs de Corinthe.* 111

Pour faire les vins Muscats. 112
Malaga. 113
Vin d'Alicante. 114
Vins factices sans raisins ni autre fruit. 115
Vin de fécule de pomme de terre. 117

CHAPITRE XI. — *Des Matières colorantes.* 123

Vin de sureau. . . . . *Id.*
Préparation et manière de colorer les vins. 125
Vin d'hièble. 126
Vin de mûres sauvages. 129
Des qualités du vin de teinte et de son utilité. 130
Composition de l'acide tartarique. 132
Purification du tartre. 134

CHAPITRE XII.—*Des Vins de liqueur,* 136

De leur préparation. . . . . *Ib.*
Des diverses espèces des vins de liqueurs. 138
De la nature des vins de liqueurs. . . . . *Ib.*
De la pesanteur spécifique du moût des vins de liqueur. 140

Exemple des vins de liqueur factices. . . 140
Des aromates propres à imiter le bouquet
    des vins de liqueur. 142
Préparation des aromates. . . . . *Ib.*
Des vins cuits. 143
Ce que l'on entend par vin cuit. . . . . *Ib.*
Préparation des vins cuits. 144
Du vin de paille. 145
Diverses manières de le faire. . . . . . *Ib.*
Vin de Tokai. 147
Sa préparation. 149
On pourrait en faire en France. 152
Des Vins mousseux de Champagne. . . . 153
Manière de faire le vin mousseux. . . . *Ib.*
Moyen de l'imiter avec des vins qui ont
    achevé leur fermentation. 154

CHAPITRE XIII. — *Résumé.* 155

CHAPITRE XIV. — *Du Vinage des vins*
    et des moyens de les améliorer 163
Moyens de faire avec les vins de Touraine
    du vin du Cher. . . . . *Ib.*
Idem. Pour faire du vin de Bourgogne de
    première qualité avec du petit vin. . . 165
Des espèces de vins que l'on doit choisir. 167
Moyen de viner le vin sans qu'il ait
    l'odeur de l'eau-de-vie. 169

TABLE

Pag.

Moyen d'augmenter le vin d'un tiers de son volume, en le mêlant et lui laissant son même degré de force. 171
Manière d'opérer pour faire le vin fin de Bourgogne. 175
Idem, ceux de Bordeaux. 176

CHAPITRE XV. — *De la Conservation des vins.* 177
De la fermentation qui s'opère dans les tonneaux. . . . . *Ib.*
De la manière de conduire le vin, suivant sa qualité. 178
Du soutirage. 179
Du collage des vins. 180
Des diverses espèces de colle. 181
Du vin soufré 182
Des mèches soufrées. 183
Manière d'opérer sur le vin. . . . . . . *Ib.*

CHAPITRE XVI. — *Du Mélange des Vins.* 185
Mélange des vins du Midi et de Bourgogne. 186
Mélange des vins de mauvaise année. . . 187
Idem de Champagne. . . . . *Ib.*
Des mélanges des marchands en détail de Paris. 189

DES MATIÈRES. 279

Exemple des mélanges. 191
Imitation des vins de Bergerac. 193
Moyens d'enlever la teinte jaune aux vins blancs. . . . . *Ib*.

CHAPITRE XVII. — *Des Altérations et de la Dégénération des vins.* . . . 198
De la graisse. . . . . *Ib*.
Moyen d'y remédier. . . . . *Ib*.
— De prévenir cette maladie. . . . . . *Ib*.
De l'acescence du vin. 201
Quels sont les vins qui tournent le plus vite à l'aigre. . . . . *Ib*.
Moyen d'arrêter cet effet. 202
De l'amertume. 203
De la décoloration des vins.. 204
Des divers moyens de remédier à cette maladie. 205
Du goût d'évent, et des moyens d'y remédier. . . . . *Ib*.
Du goût de moisi, et des moyens qu'on emploie pour l'enlever. 206
Des vins qui déposent. 208
De la nature des dépôts. 209

CHAPITRE XVIII. — *De la Conservation du raisin.* . . . . *Ib*.
Diverses méthodes à employer à cette fin. 210

Des raisins secs. 211
Des raisins secs étrangers. 212
Du sucre qu'on peut retirer du moût des raisins. 213
Des raisinés. 214
Du raisiné du Midi. . . . . *Id*.
De celui du Nord. 215
Du raisiné du Midi composé avec des fruits. . . . . *Ib*.
Idem du Nord, par le même moyen. . . 216
Des raisinés les plus renommés. 217

CHAPITRE XIX. — *De l'Examen chimique des vins*. 218
Moyen de déterminer la force des vins. . 219
Appareil nécessaire à cette opération. . . 220
Moyen de reconnaître si les vins sont falsifiés ; divers réactifs qu'on doit employer à cet effet. 221
Moyen de reconnaître s'il y a du cidre mêlé au vin. 225

CHAPITRE XX. — *De l'Eau-de-vie*. . 227
Des vins qui donnent les meilleures eaux-de-vie. . . . . *Ib*.
De l'eau-de-vie d'Andaye. 228
De la fenouillette. . . . . *Ib*.
Des eaux-de-vie de marc, et des moyens

DES MATIÈRES. 281

Pag.

de leur enlever leur goût d'empyreume. 229
Des vins les plus propres à la distillation. 230
Des appareils distillatoires. 231
De la couleur des eaux-de-vie; des modes
   de déterminer leurs degrés de force. . 232
Tableau de la marche de l'aréomètre, sui-
   vant la température. 235
Tableau de la preuve dite de Hollande. . *Ib*.
De la manière de distiller. 236
Des précautions que l'on doit prendre
   pour bien distiller. 237

CHAPITRE XXI. — *Des Liqueurs*. . . 242
Du Cassis. . . . . *Ib*.
Du Cassis fait par fermentation. 243
De l'Anisette. 244
Du Noyau. 245
Absinthe. 246
Eau de Fleurs d'orange. 247
Eau de Fleurs d'orange sans distillation. 248

CHAPITRE XXII. — *De l'Acide acéti-
   que ou Vinaigre*. 249
Susbstances qui forment cet acide. . . . 250
Appareils propres à faire cet acide. . . . 251
Premier moyen. . . . . *Ib*.
Deuxième moyen. 252
Troisième moyen. 253

Des mélanges de l'acide pyroligneux pour fortifier le vinaigre. 255
De la bonté des vinaigres, suivant les vins qui les ont produits, et de leur concentration. . . . . *Ib.*
Moyen de conserver le vinaigre. 256

CHAPITRE XXIII. — *De la Potasse qu'on peut retirer des produits de la vigne.* 258
Moyen de faire la potasse. 259
Du fourneau propre à la calcination de la potasse. 261
Moyen de faire la potasse d'Amérique. . 262
De l'importance de cette fabrication. . . 264

Tarif des frais dus pour les marchandises mises en entrepôt. 266

Tarif des droits des ouvriers des ports de la place de Paris. 269

FIN DE LA TABLE.

PARIS. — IMPRIMERIE DE MADAME HUZARD
(NÉE VALLAT LA CHAPELLE), rue de l'Éperon, n°. 7.

Aout 1826.

EXTRAIT

Du Catalogue des Livres, tant anciens que nouveaux,

Composant la Librairie de Mme. HUZARD, rue de l'Éperon, n°. 7, à Paris.

Vignes et Vins, Pommiers et Cidre, Bière, Distillation.

NOUVELLE méthode de vinification, ouvrage qui traite de la culture de la vigne; par *Aubergier*, élève de M. *Vauquelin*. Paris, 1825. in-12. fig. 3 f. 50 c. et franc de port 4 f. 25 c.

Art (l') de faire le vin; par *Chaptal*, 2e. éd. Paris, 1819. in-8. fig. 6 f. et 7 f. 25 c.

ART de faire le vin et de distiller les eaux-de-vie; par *A. B****. Paris, 1820, in-8. fig. 2 f. et 2 f. 50 c.

ART de faire le vin; par *Fabroni*, ouvrage couronné par l'Académie royale de Florence. Trad. de l'ital. par *F.-R. Baud*. Paris, 1801. in-8. 3 f. et 4 f.

ART du distillateur des eaux-de-vie et des esprits, dans lequel on a donné la description des nouveaux appareils de distillation; par M. *Lenormand*. Paris, 1817. 2 vol. in-8. avec 12 planches. 18 f. et 21 f. 50

Baccii (*A.*) De naturali vinorum historiâ, de vinis Italiæ et de conviviis antiquorum, libri septem. Romæ, 1596. in-fol. (rare.) 75 f.

DESCRIPTION d'un appareil de distillation continue, au moyen duquel on peut obtenir à-la-fois deux sortes d'esprit aux degrés déterminés; par *J.-C. Herpin*. Paris, 1823. in-8. fig. 1 f. 50 c. et 1 f. 65 c.

INSTRUCTIONS sur l'art de faire la bière; par *Le Pileur d'Apligny*. Nouv. éd. Paris, 1802. in-12. 3 f. 60 c. et 4 f. 35 c.

INSTRUCTION théorique et pratique sur la fabrication des eaux-de-vie de grains et de pommes de terre; par M. *Mathieu de Dombasle*. Paris, 1820. in-8. fig. 2 f. et 2 f. 35 c.

MANUEL du sommelier, ou Instruction pratique sur la manière de soigner les vins, contenant la théorie de la dégustation, de la clarification, du collage, etc.; par *A. Julien*. 4°. éd. revue et augm. Paris, 1826. in-12. fig. 4 f. et 5 f.

— Le supplément à la 2°. édit. se vend séparément. 75 c. et 1 f.

MANUEL du vigneron ou l'art de cultiver la vigne, de garantir les récoltes de la coulure, de remédier à la gelée et de faire le vin; par M. *A. Destrés*. Soissons, 1824. in-12. 1 f. et 1 f. 15 c.

MÉMOIRE sur la question proposée par la Société des sciences de Montpellier: *Déterminer par un moyen fixe, simple et à la portée de tout cultivateur, le moment auquel le vin en fermentation dans la cuve aura acquis toute la force et toute la qualité dont il est susceptible;* par M. *Legentil*. Paris, 1802 in-8. 3 f. et 3 f. 75 c.

MÉMOIRE sur le cerclage des cuves à vin. Paris, in-8. 60 c. et 75 c.

MÉMOIRE sur le perfectionnement de la vinification, présenté au concours ouvert par la Société d'agriculture du département du Gers, et auquel elle a accordé le prix, dans sa séance publique du 30 décembre 1810; par M. *Elie Dru*. Paris, 1823, in-8. 1 f. 50 c. et 1 f. 75 c.

MANUEL pratique du laboureur; par M. *Chabouillé du Petit-Mont*. 2°. éd. Paris, 1826. 2 vol. in-12. fig. 8 et 10 f.

NOTICE sur la nature et la culture du pommier, la qualité des pommes et leur vraie combinaison pour faire un cidre délicat et bienfaisant; par M. *Renault*. Paris, 1817. in-8. 2 f. et 2 f. 50 c.

POMMIER (du), du poirier et du cormier, considérés dans leur histoire, leur physiologie, et les divers usages de leurs fruits, de leurs cidres, de leurs eaux-de-vie, de leurs vinaigres, etc., par *L. Dubois*. Paris, 1804. 2 vol. in-12. fig. 3 f. 50 c. et 4 f. 75 c.

PRINCIPES sur la culture de la vigne en cordons, sur la conduite des treilles et la manière de faire le vin; par un propriétaire. Châtillon-sur-Seine, 1822. in-8. fig. 1 f. 25 c. et 1 f. 50 c.

RAPPORT fait par M. *Descostils*, sur les changemens faits par M. *Jullien* à son appareil pour transvaser les vins. in-4. fig. 75 c. et 80 c.

TOPOGRAPHIE de tous les vignobles connus, contenant leur position géographique, l'indication du genre et de la qualité des produits de chaque cru, les lieux où se font les chargemens et le principal commerce de vin, etc.; suivie d'une classification générale des vins; par M. *A. Jullien.* 2ᵉ. éd. corrigée et augm, Paris, 1822. in-8. 7 f. 50 c. et 9 f. 50 c.

TRAITÉ complet de l'art de la distillation, contenant, dans un ordre méthodique, les instructions théoriques et pratiques les plus exactes et les plus nouvelles sur la préparation des liqueurs alcooliques avec les raisins, les grains, les pommes de terre, les fécules et tous les végétaux sucrés ou farineux; par M. *Dubrunfaut.* Paris, 1824. 2 vol in-8. 10 f. 50 c. et 13 f.

USAGE (de l') de la fumée dans les vignes, contre les gelées tardives du printemps. Paris, 1805, in-8.

OUVRAGES NOUVEAUX.

CHIMIE appliquée à l'agriculture; par M. le comte *Chaptal.* Paris, 1823. 2 vol. in-8. 12 f. et 15 f.

TRAITÉ des prairies artificielles; par *H.-F. Gilbert.* 6ᵉ. éd. aug. de notes; par *M. A. Yvart.* Paris, 1826. in-8. 5 f. et 6 f. 50 c.

TRAITÉ pratique de la culture des Pins à grandes dimensions; par M. *L.-G. Delamarre.* 2ᵉ. éd. Paris, 1826. in-8. 6 et 7 f. 50 c.

ANNALES agricoles de Roville, ou Mélanges d'agriculture, d'économie rurale et de législation agricole; par *C.-J.-A. Mathieu de Dombasle.* 1ʳᵉ. livraison, Paris, 1824. in-8. fig. 6 f. et 7 f. 50 c.

— *Idem* 2ᵉ. livraison. Paris, 1825, in-8. fig. 7 f. 50 c. et 9 f. 50 c.

— *Idem* 3ᵉ. livraison. Paris, 1826. in-8. 6 f. et 7 f. 50 c.

DE LA GARANTIE et des Vices redhibitoires dans le commerce des animaux domestiques; par *J.-B. Huzard* fils. Paris, 1825. in-12. 3 f. 50 c. et 4 f. 25 c.

CLEF (la) de l'industrie et des sciences qui se rattachent aux arts industriels; par M. *Armonville*, sécrétaire du conservatoire royal des arts et métiers, servant de 2ᵉ. édition au *Guide des Artistes* publié en 1818. 3 vol, in-8. Paris, 1825. 24 f. et 29 f.

RECHERCHES physiologiques et chimiques pour servir à l'histoire de la digestion; par MM. *Leuret et Lassaigne.* Paris, 1825. in-8. 4 f. 50 c. et 5 f. 25 c.

NOTIONS élémentaires de médecine vétérinaire militaire, ou Considérations générales sur le choix et les différentes qualités des chevaux de troupe, leur conservation, les causes de leurs maladies, les remontes, les réformes, le service des vétérinaires militaires, etc.; par *J.-B.-C. Rodet*. Paris, 1825. in-12. 3 f. 5o c. et 4 f. 25 c.

COURS d'hippiatrique, contenant des notions sur la charpente osseuse du cheval, la description de toutes ses parties extérieures, etc., à l'usage de MM. les Pages du Roi. Ouvrage utile aux officiers de cavalerie, et à toutes les personnes qui veulent s'occuper des chevaux; par M. *Valois*, 2ᵉ. édit., revue et augm. Paris, 1825. in-12. 3 f. 5o c. et 4 f. 25 c.

JUSTIFICATION de l'existence légale et constante des droits des propriétaires des rentes purement foncières et non féodales qui ont été établies par des titres tout-à-la-fois constitutifs de redevances seigneuriales et droits féodaux et censuels supprimés, etc.; par M. *Mariette de Wauville*. Paris, 1825. in-8. 7 f. 5o. et 9 f. 5o c.

MANUEL du bouvier, ou Traité de la médecine pratique des bêtes à cornes; par *J. Robinet*, nouvelle édit., augmentée de notes, trad. de l'angl. par M. *Huzard* fils. Paris, 1826, 2 vol. in-12. 6 f. et 7 f. 5o.

BASES fondamentales de l'économie politique d'après la nature des choses; par *L.-F-.G. de Cazaux*. Paris (Valence) 1826. in-8. 4 fr. et 4 fr. 75 c.

RÉFLEXIONS sur la richesse future de la France et sur la direction qu'il convient de donner à la prospérité du royaume; par M. le vicomte *d'Harcourt*. Paris, 1826. in-8. 5 fr. et 6 fr.

CONSIDERATIONS sur le morcellement de la propriété territoriale en France, mémoire présenté à l'Académie des sciences le 1ᵉʳ. mai 1826; par M. le vicomte *de Morel-Vindé*. Paris, 1826. in-8. 75 c. et 90 c.

ESSAI sur la marne; par M. *A. Puvis*. Bourg, 1826. in-8. 2 fr. 5o c. et 3 fr. 25 c.

INSTRUCTIONS à l'usage des personnes qui possèdent ou qui veulent obtenir en France des brevets pour des découvertes industrielles; par *J.-R. Armonville*. Paris, 1826. in-8. 5o c. et 55 c.

ASSOCIATIONS (des) rurales pour la fabrication du lait, connues en Suisse sous le nom de *fruitières*; par *Lullin*. Paris, 1812. in-8. 2 fr. 25 c. et 2 fr. 75 c.

AVIS au public pour prévenir et détruire l'épizootie des bêtes à cornes; trad. de l'allem. du doct. *Faust*; publié par ordre du Gouvernem. in-8. 6o c. et 75 c.

ALTÉRATION (d'une) du lait de vache, désignée sous

le nom de *lait bleu* ; par *Chabert* et *Fromage*. Paris, 1805. in-8. 75 c. et 90 c.

CONSIDÉRATIONS sur la population et la consommation générale du bétail en France ; suivies de réflexions particulières sur l'approvisionnement en bestiaux pour Paris, et sur tout ce qui concerne le commerce et la police des viandes de boucherie dans cette ville ; par *J.-B.-F. Sauvegrain*. Paris, 1806. in-8. 3 f. 60 c. et 4 f. 60 c.

CONTAGION (de la) sur l'homme, sur les vaches et les bœufs, de ses moyens préservatifs et curatifs ; par M. *A. Leroy*. Paris, in-8. 3 f. 50 c. et 4 f. 50 c.

EXAMEN de la notice sur l'épizootie qui régna sur le gros bétail, par MM. *Girard* et *Dupuy*, directeur et et professeur à l'Ecole vétérinaire d'Alfort ; par *E.-T. N.* Paris, 1817. in-8°. 1 f. et 1 f. 25 c.

EXAMEN des causes de la disette des bestiaux, et des moyens de nous en rédimer ; par *Préaudeau-Chemilly*. in-8. 75 c. et 1 f.

INSTRUCTION sur les maladies inflammatoires épizootiques, et particulièrement sur celle qui affecte les bêtes à cornes des départemens de l'Est, etc., in-8. 50 c. et 60 c.

INSTRUCTION sur les mesures que les nourrisseurs doivent prendre pour opérer la désinfection de leurs étables, et pour préserver leurs bestiaux de l'épizootie. 30 c. et 35 c.

INSTRUCTION sur les moyens à employer pour préserver les bestiaux de l'épizootie régnante ; par *Beaumont*. Strasbourg, an V. in-4. 90 c. et 1 f. 10 c.

INSTRUCTION sur la manière de conduire et gouverner les vaches laitières ; par *Chabert* et *Huzard*. 3°. édit. aug. Paris, 1807. in-8. 1 f. 25 c. et 1 f. 50 c.

INSTRUCTION sur la péripneumonie, ou affection gangreneuse du poumon, dans les bêtes à cornes ; par *Chabert*. Paris, an II. in-8. 25 c. et 30 c.

LETTRES sur la nourriture des bestiaux à l'étable ; par M. *Tschiffeli*. Nouv. édit. in-8. Paris, 1817. 1 f. 50 c. et 1 f. 75 c.

MARASME (du) épizootique, des fourrages extraordinaires et de l'emploi des matières animales pour restaurer les herbivores, ou instruction sur les moyens d'arrêter la mortalité du bétail qui périt d'épuisement ; par *Collaine*. Metz, 1817. in-8. 75 c. et 85 c.

MÉMOIRE sur la maladie épizootique qui règne en ce moment (1814), sur les bêtes à cornes, dans le département du Rhône et ailleurs; par *J.-B. Gohier.* Lyon, 1814. in-8. 1 f. et 1 f. 25 c.

MÉMOIRE sur la péripneumonie chronique ou phthisie pulmonaire qui affecte les vaches laitières; avec les moyens curatifs et préservatifs de cette maladie, et des observations sur l'usage du lait et de la viande des vaches malades; par M. *Huzard.* Paris, an VIII. in-8. 1 f. 25 c. et 1 f. 50 c.

MÉMOIRE sur une maladie qui affecte les bœufs destinés aux salaisons de la marine; par *Cabiran*, suivi du rapport sur ce mémoire; par MM. *Chabert et Huzard.* Paris, an XII. in-8. 50 c. et 60 c.

NOUVEAU (le) parfait bouvier, ou remèdes préservatifs et curatifs pour les maladies du bétail. Nouv. édit. revue et corrigée. Lyon, 1807. in-12. 1 fr. 50 c. et 1 f. 80 c.

NOUVEAU (le) parfait bouvier, ou traité complet sur le gouvernement des bœufs, des vaches, des chevaux, des moutons, des chèvres, etc.; par M. *H. L.* Paris, 1826. in-12. fig. 3 f. et 3 f. 75 c.

ORGANES (des) de la digestion dans les ruminans; par *Chabert.* 2e. édit. Paris, 1797. in-8. 1 f. 25 c. et 1 f. 50 c.

RAPPORTS et observations sur l'épizootie contagieuse régnant sur les bêtes à cornes de plusieurs départemens de la France (par M. *Huzard*); 3e. édit. Paris, 1815. in-8. 50 et 60 c.

REMÈDES préservatifs et curatifs pour les maladies du bétail. Genève, 1803. in-12. 1 f. 25 c. et 1 f. 50 c.

TABLEAU des maladies aiguës et chroniques qui affectent les bestiaux; par *Devillaine.* Neufchâtel, 1782. in-8. 1 f. 80 c. et 2 f. 30 c.

EXTRAIT de l'instruction pour les bergers et les propriétaires de troupeaux, ou catéchisme des bergers; par *Daubenton.* 5e. édit. augmentée d'une 15e. leçon sur les mérinos, d'une planche indiquant l'âge des bêtes à laine, et de notes; par *J.-B. Huzard* fils. Paris, 1822. petit in-12. 1 f. 50 c. et 2 f.

INSTRUCTION pour les bergers et pour les propriétaires de troupeaux, avec d'autres ouvrages sur les moutons et sur les laines; par *le même*, avec des notes, par *J.-B. Huzard.* 5e. édit. Paris, 1820. in-8. avec 23 pl. 7 f. et 9 f.

www.ingramcontent.com/pod-product-compliance
Lightning Source LLC
Chambersburg PA
CBHW071416150426
43191CB00008B/932